学校のリーダーシップをハックする

変えるのはあなた

ジョー・サンフェリポ＋トーニー・シナニス
飯村寧史・長﨑政浩・武内流加・吉田新一郎 訳

HACKING LEADERSHIP

JOE SANFELIPPO TONY SINANIS

新評論

訳者まえがき

学校を変えるにはどうしたらいいでしょうか？

世の中が変わり、それに応じるべく学習指導要領が新しくなっても、なぜか教える内容や方法はほとんど変わっていません。働き方改革が叫ばれ、従来の無駄を省くことはあっても、学校のあり方自体を問うことはありません。学校を変えたいと思う校長や教頭、教師はたくさんいると思うのですが、どういうわけか変わらないのです。

「学校」という固定概念があまりに強すぎるのでしょうか。教師は教科書を教える役、生徒はそれをきちんと聞く役、教師は生徒に点数をつける人、みんなと同じことをきちんとしなくてはならない……。

しかし、今はもうそういう時代ではありません。一人ひとりの生徒に異なる資質があり、学び方があり、それに沿って学んだほうが意欲も上がるし、学習した内容が身につく度合いや理解の度合いも深まり、ますます良いパフォーマンスを示せることが研究と実践の蓄積からすでに分かっているからです（詳しくは、『ようこそ、一人ひとりをいかす教室へ』〔キャロル・アン・トムリンソン／山崎敬人、山元隆春、吉田新一郎訳、北大路書房、二〇一七年」を参照してください）。もはや、「学校」を昔のままにとどめておくというのであれば、未来世代に対する責任を果たしていないことになります。

これまで、文部科学省からさまざまな教育改革が発信されてきましたが、それだけで現場が変わるほど甘くはありません。学校を変えるのはやはり「教師」です。なかでも、校長、教頭などのリーダーが、学校のあり方をハック（改革・改善）する必要があると思います。

本書には、そのヒントがたくさん書かれています。まず、管理職・学校のリーダーは「学び続けるもの」というあり方を提示しています。本来、学校運営は、そうした人によって行われるクリエイティブで前向きな仕事であるべきです。

これまでは、**教師が教え、生徒が学ぶ／校長が指導し、教師がそのとおりにする**という形でした。それを、**まずは教師が学び、生徒も学ぶ／まずは校長が学び、教師もその姿から学ぶ**という形に変えるのです。この転換は、「学校で学ぶことは苦しいこと・やらされること」という考え方から、「学校で学ぶことは楽しいこと・一緒にやること」という考え方への変化であるともいえます。

この考え方が学校に根づけば、管理職自身、教師自身が学びを楽しみ、ともに成長することができます。身近にそうした大人たちが存在すること、それ自体が子どものためになるのです。本書は、こうした考え方の転換からはじまり、具体的な方法へと入っていきます。

　紹介されている方法は、ＳＮＳが急速に広まった現代での情報発信の仕方、同僚や保護者、地域の人とのかかわり方、生徒を巻き込んだ企画の立て方など、さまざまです。日本の学校で情報発信といえば「学校だより」をすぐに思い浮かべるでしょうが、本書では積極的にＳＮＳを活用しています。テクノロジーの危険性にだけ目を向けるのでなく、有用性を最大限に発揮しようとするやり方は、ほかの活動においても応用が十分可能でしょう。

　コミュニティー・スクールという考え方が徐々に日本の学校でも見られるようになりましたが、保護者や地域を巻き込み、生徒をやる気にさせるにはどうすればいいのでしょうか。この点についても、本書には具体的な例が挙げられているのでとても参考になります。

　校長や教頭だけでなく、ミドル・リーダーや若手教師にも、興味を引く話題が必ず含まれています。さらに本書には、これまでの「ハック・シリーズ」と同じく、具体的な準備や運用までの手順、そして反対（抵抗）する人への対応もしっかり書かれています。

　あなたが原動力となり、リーダーシップをとる気概さえあれば学校は変わります。校長や教頭、教師一人ひとりがイノベーションを起こせる存在なのです。本書を読み終わったあとに、きっと何か一つ変化を起こしたいという気持ちになるでしょう。本書を読み、最初の問いである「学校を変えるにはどうしたらいいでしょうか？」に対するあなたなりの考えが生まれること、そして、それを実行に移されることを期待しています。

最後になりますが、翻訳協力者の久能潤一さん、鈴木咲子さん、大関健道さん、中島昭子さん、紅谷昌元さんには、翻訳や内容について多くのフィードバックをいただき、本書の完成の大きな力となってくださったことに感謝いたします。また、株式会社新評論の武市一幸さんには、私たちが心から伝えたいと思う本を世に送り出すために多大な御協力をいただきました。改めて厚く感謝申し上げます。

二〇二一年一〇月

訳者を代表して　飯村寧史

もくじ

学校のリーダーシップをハックする——変えるのはあなた

Joe Sanfelippo and Tony Sinanis
HACKING LEADERSHIP
Originally published by Times 10 Publications

Translated and published by Shinhyoron Co. Ltd.
with permission from The Paperless Classroom DBA x Times 10 Publications.
This translated work is based on *Hacking Leadership*
by Joe Sanfelippo and Tony Sinanis.
Translation arrangement managed RussoRights, LLC and
Japan UNI Agency Inc. on behalf of Times 10 Publications.

はじめに――より良い方法

校長が学校コミュニティーのメンバー(1)と交流している様子を三〇分間見るだけで、リーダーシップに対する校長の姿勢がどのようなものかが分かります。また、校長がリーダーシップをハックするマインドセット(2)をもっているかどうかも見極められるでしょう。

教育分野のハッカーは、現状を打破しようとし、問題そのものをさまざまな解決策を試す機会として前向きに捉えています。校長のリーダーシップをハックするというのは、すなわち学校コミュニティーのメンバーが希望や夢、目標を達成できるようにエンパワーする(3)ことです。校長の

(1)　主には教師および生徒ですが、そのほかには保護者、地域住民や企業、教育委員会の人などが含まれます。

(2)　ここでいう「ハック」は、意図的に手を加えて巧妙につくりかえることを、一方「マインドセット」は考え方の枠組みを指します。つまり、校長自身が、学校における「リーダーシップ」を従来どおりの理解にとどめておくのではなく、より良いものにするために巧妙につくりかえようとする柔軟な考え方をもっているのかどうかが問われています。

(3)　「エンパワーする」ないし「エンパワーメント」は「力を与える」や「権限を委譲する」と訳される場合が多いのですが、「人間のもつ本来の能力を最大限にまで引き出す」ことなので、本書ではカタカナで表記します。

仕事の目的は、生徒や教師、保護者にとっての問題を見つけ、解決することです。ですから、改善策を試したり、新たな可能性として捉え直すように働きかけなければなりません。

校長の日々の仕事は、もはや単なる管理者や経営者、あるいは上司の役割でさえもありません。その代わりに校長は、学校コミュニティーが一つの目標に向かって協働できるように、イノベーション[4]を実践する際のモデルとなる必要があります。

それは、教師の学び方が変わることによってもたらされます。校長室に座ってメールをチェックしたり、効率的に事務処理をするだけでは、現代における学校のニーズを満たすことはできません。効果的な働きをするリーダーは、学びを日々の仕事の中心に置いています。今こそ、伝統的な学校の実践をハック[5]して、政策や教育委員会からの指示、テストの成績だけではなく、生徒一人ひとりにあわせた本物の学習体験を重視するときです。

校長が従来の「支配型リーダーシップ」ではなく「サーバントリーダーシップ[6]」を受け入れると、学校コミュニティーが素敵な人間関係であふれ、生徒たちにとって最善の利益となるような実践が促されます。校長の影響力と方向性がはっきりしていれば、これらの人間関係が学校文化を支えてくれるでしょう。

コミュニティーのメンバーは、誰もが学校文化の醸成に貢献し、これを持続させる力を有していますが、そのなかでも校長は学校文化の良し悪しに最大の影響力をもっています。

学校文化は雰囲気や印象として感じられるものですが、目に見える部分もあります。たとえば、駐車場や建物の外観は第一印象を左右します。手入れが行き届いていなければ、しっかりと手入れされた魅力的な外観とは異なる、学校の姿勢を伝えることになってしまいます。事務室にいる人の訪問者の迎え方を見れば、よりはっきりとその学校の姿勢が分かるでしょう。温かい笑顔で歓迎してくれるのか、来客の存在を認めないがごとく顔も上げずに迎えるのかによって、その学校の文化を知ることができます。

（4）イノベーションは変革や革命、一新という訳のためにテクノロジーとの関連で捉えられ、教育とは関係ないと捉える人が多いですが、「新しくて、より良い何かを創造する考え方」と捉えてください。ここでの「何か」とは、教え方や、物事の仕方などです。その意味では、「前例踏襲主義」とは逆の考え方となります。イノベーションに特化したおすすめの本は、『教育のプロがすすめるイノベーション——学校の学びが変わる』（ジョージ・クーロス／白鳥信義・吉田新一郎訳、新評論、二〇一九年）です。

（5）テストや成績にこだわる授業や学習を暗に「偽物」と位置づけています。

（6）ロバート・K・グリーンリーフ（Robert K Greenleaf）が提唱したリーダーシップの一つのあり方です。コミュニティーのメンバーの能力を最大限に引き出すことを目的としてメンバーを導いていくというリーダーシップです。『サーバントリーダーシップ』（金井壽宏監訳、金井真弓訳、英知出版、二〇〇八年）が翻訳されています。

また、校長と三〇分間過ごせばその人間味が分かり、学校文化への理解を深めることができます。校長は、コミュニティーのすべてのメンバーと、肯定的で、有益で、思いやりのある関係を築いているのでしょうか？　それとも、校長室にこもって教師の愚痴を言っているのでしょうか？　校長の立ち居振る舞いや態度はその学校の文化を明確に示し、学校全体で何が起こっているのかを表すことになります。

私たちは、学校が子どもと大人の両方に創造性や希望、学びや成長の機会を提供することができると信じています。そして、リーダーシップは、学校が大切な教育目標を掲げているかどうか、またその目標に到達して効果を上げているかどうかを決定づけます。ですから、学校のリーダーシップをハックする準備ができている教育者は、生徒たちが学習者として、また個人として愛され、安全でエンパワーされていると実感できることを願っているでしょう。

ハッカーの考え方ができる校長には、自分では気づかなかったことや可能性を生徒たちに発見してほしいと願っています。そして、教師や保護者には、自分たちが学校を構成する重要な存在であり、学校に対して発言権があるということを知ってもらいたいと考えています。(7)学校のリーダーシップをハックするというのは、学校の明日がどうあるべきかについて考え、それを今日実現することを意味します。

将来を見据えて環境をつくりあげましょう。すばらしいことが起こるように学校という場を整え、コミュニティーのすべてのメンバーに対して、最高の状態でいられるための環境を提供する必要があります。

多くの場合、生徒や教師、そして保護者は、いくつもの新しい改革を経験しています。もちろん、それぞれの改革は、学校や教育制度が抱える多くの悩ましい問題を解決する「魔法の薬」になると期待して実施されています。しかしながら私たちは、それらのほとんどの構想や標準化されたカリキュラムによって提供される一時的な対症療法が、学校の持続的な改善と変化に影響を与えないこともよく知っています。

流行している表面的な教育改革のレベルを超えたいのであれば、まずはリーダーシップをハックすることからはじめなければなりません。革新的（イノベーティブ）なリーダーシップの手法によって創造性を大切にする環境を整えることは、学校が長期にわたってうまく活動するために不可欠なのです。

（7）単に「発言権」だけでなく「関与・参加する権利」ももっていますし、学校をよくするために主体的に行動する担い手としても捉えています。

学校文化は、すべての学校関係者にかかわるものです。だから、すばらしい学校をつくるためには、関係者相互のやり取りを効果的に行うことが必要不可欠となります。

単純な記憶や繰り返しによる学習の場ではなく、学校は「創造的な遊び場」であるべきだと私たちは確信しています。校長が自身の創造性によって教師に影響を与え、創造性を大切にする環境を整えさえすれば、生徒はきっと「学び」や「成長」、「成果」を得ます。効果的なコミュニケーションは、学校が一時的にすぐれている状態から、一貫してすぐれたレベルで機能するようになるために非常に重要です。すぐれた学校では、誰もが認められていると感じられ、学校にとってプラスとなる物語がどんどん紡がれていくのです。

学校文化がよければ、チーム内や、校長と教師との間、学校と保護者を含めた地域コミュニティー間のコミュニケーションが促進されます。学校文化は、すべての学校関係者(8)にかかわるものです。だから、すばらしい学校をつくるためには、関係者相互のやり取りを効果的に行うことが必要不可欠となります。とはいえ、このような学校や校長は自然に生まれるものではありません。やはり、ハックによって生みだす必要があります。

---

(8) 本文では「ステイクホルダー」と記述されており、学校の意思決定のカギを握る人物や組織を指します。日本の公立学校でいえば、保護者、ＰＴＡ、地域の代表（町内会など）、監督する役割の行政などがそれに当たります。

ハック1

リード・ラーナー*になる

校長は、学び続けるモデルを見せよう

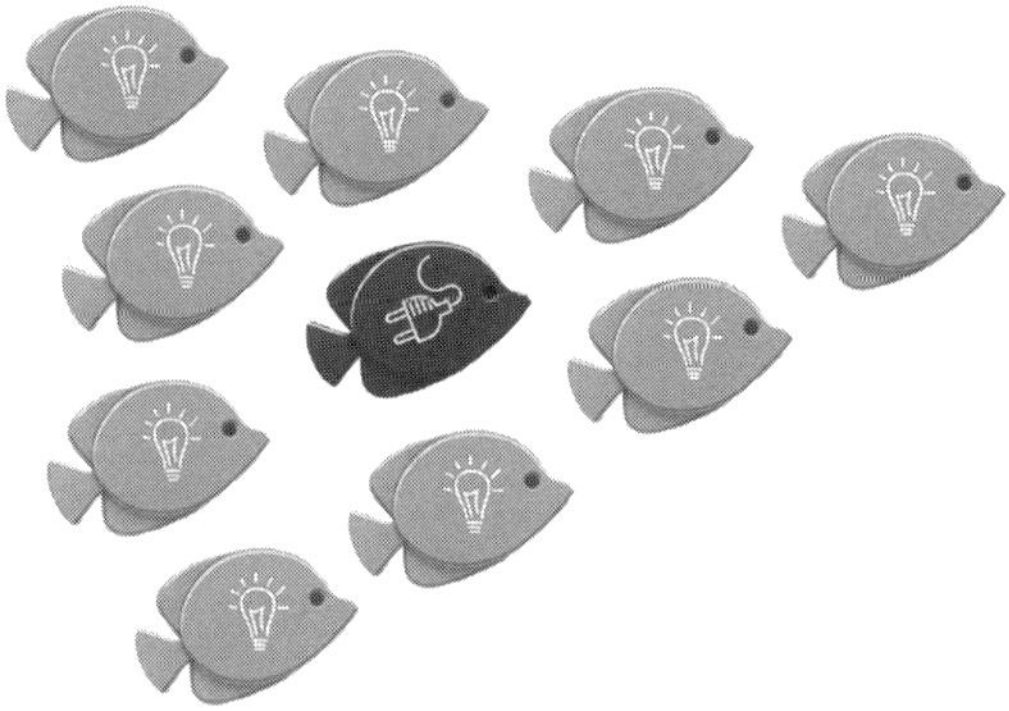

人を動かすにはモデルを示すことが大切だ。
というより、それしかない。

（アルベルト・シュバイツァー
[Albert Schweitzer, 1875～1965] 神学者・哲学者・医者）

［＊リード・ラーナーについては、11ページおよび15ページの注を参照してください。］

問題——学校は、リーダーではなく管理者によって運営されている

「校長」と聞いて連想する言葉を教師に挙げてもらったところ、「上司」や「規律を定める人」、「監督者」、「意思決定を行う人」、「マネジャー（管理職）」、「評価者」、「関係が薄い人」、「孤立している人」などの回答がありました。これらの言葉は、必ずしも否定的な言葉ではありませんが、校長に対して肯定的なイメージを与えるものではありません。

これらのイメージはいずれも、教え方に関する継続的な改善を主導するリーダー[1]や先見の明がある人、また学習に取り組むために二一世紀のスキルを率先してモデルで示す人を意味しているわけではありません。ここに挙げられているイメージは、伝統的な校長である、組織を監督し、校長室の快適な椅子に座って問題を処理する、いわゆる管理職を表しています。

校長の仕事に対する一般的な認識は、二〇世紀初頭からあまり進化していません。かつての校長には、生徒たちや教師、学ぶことや教えることとはほとんど関係なく、校長室で学校を管理することのみが期待されていました。

管理職や規律を定める人、評価者としての役割を果たすことは、校長の仕事として実際的で重要な側面ですが、すばらしい学校にするための絶対条件ではありません。残念なことに、いまだに多くの校長はこれらの伝統的な側面に焦点を当てて仕事をしています。このような昔ながらのリーダーは、管理的な仕事をしていて、学校コミュニティーの人々と交流することがほとんどありません。学びを優先していないため、生徒や教師とのかかわりが少なく、教室に行くことはほとんどありません。

また、多くの校長は、コミュニティーのすべてのメンバーと健全な関係を構築するうえにおいて必要とされるソフトスキル(2)を育むために、時間も労力も費やしていません。彼らは、リーダーが学校文化に直接影響することを理解しておらず、リーダーが行うすべての決定が学校文化の方向性に影響を与えるとは認識していないのです。

このような管理職は、自分を単なる教師の上司と見なしているため、前向きで持続可能な変化をもたらす効果的なリーダーとなる機会を逃しています。

(1)　欧米の校長にはこの点がもっとも強く求められる役割の一つですが、必ずしも実現されていないことを表しています。言葉を換えれば、生徒の学びの質と量を高めるために教師の継続的な学びを実現することを意味します。これが『校長先生という仕事』(吉田新一郎著、平凡社、二〇〇五年)を著すときのメインテーマでした。そして、これが章のタイトルにもある「リード・ラーナー」を意味します。
(2)　「ソーシャルスキル」、「対人関係スキル」、「非認知能力」などともいわれます。

ハック――校長は、学び続けるモデルを見せよう

教師の上司たることだけに主眼を置いた管理職は、自らの影響力を真に発揮できる器をもったリーダーとはいえないでしょう。現代の生徒や教師、そして保護者は、もっと多くのことを校長に求めています。学校の関係者は、リーダーシップが学校文化に直接影響を与えることを自覚しているリーダーを必要としています。つまり、学ぶことを優先するサーバントリーダーを求めているのです。

今日の管理職は、信頼と尊敬に根ざした、有益で肯定的な人間関係を育むことに力を注がなければなりません。健全な人間関係(3)は、すばらしい学校や教育委員会の中核をなすものなのです。人間関係を築くべきところは、学校コミュニティーのなかに何十箇所もありますが、私たちがもっとも重視すべきは、いうまでもなく常に生徒たちです。ここからはじめましょう。生徒たちは、直感的に信頼でき、尊敬する人とつながります。時間をかけて、生徒たちから信頼を勝ち取りましょう。

笑顔でいましょう。気取らない(4)でいましょう。話に耳を傾けましょう。喜びをもって導きましょう。一人ひとりをいかす教え方などの教える技術と同列に、人間関係が教育理念の実現にとって重要であると確信したとき、私たちは生徒とのつながりをより高いレベルにもっていけるのです。

信頼や尊敬、思いやりに根ざした人間関係があれば、学校は興奮と情熱が伝わってくるような非日常的な空間へと変化します。生徒は私たちに大切にされていることに気づき、より高いレベルの自信を身につけます。さらに、挑戦しながら学習できる環境のなかで、十分に安心して過ごせるようになるのです。

ほとんどの教育者は、人間関係が生徒によい影響を与えることを知っています。しかし、それだけではないのです。加えて私たちは、大人との関係も発展させなければなりません。教師、用務員や守衛、秘書、保護者、アシスタント、バスの運転手、そのほかの学校コミュニティーのメンバーが心から信頼しあい、尊敬しあえるようにすべきです。

協働することで信頼を育みましょう。意思決定は、学校の内側だけで行われるべきではありません。そうではなく、学校内外のコミュニティーすべてのメンバーが何らかの発言力をもつべきです。したがって、視野を広げたり、可能なかぎり最善の決定を下したりするために、ほかのメ

---

(3) 日本の教育界にもっとも欠けているのが、これではないかと思います。それは、誰にも見えないブラックボックス化している「人事」に原因がある、と言い換えることができるでしょう。

(4) 「Differentiated Instruction」については『ようこそ一人ひとりをいかす教室へ』(前掲)を参照してください。

ンバーの意見に耳を傾け、教職員のなかに入って取り組む姿を見せることが校長であるあなたの責務といえます。

真のリーダーシップを学校の新たな常識にしていくために、学校のリーダーは人間関係の構築に力を入れる必要があります。学校のリーダーは、教室や食堂にいても、バスを待つ間であっても、目に見える形でかかわりをもたなければなりません。今日のリーダーは、管理職という肩書きを外し、生徒にとって最善の利益になることを行う、誰よりも先駆けて学ぶ学習者、つまりリード・ラーナー[5]にならなければなりません。

あなたが明日にでもできること

教職員のなかに入って、夢中で取り組む姿を見せるリード・ラーナーになるのは到底無理だ、と感じられるかもしれません。何といっても、リーダーはあなた一人で、リードする相手は何百人といるわけですから。しかし、この現実を変えることはできません。小さなことからはじめましょう。小さなことでも粘り強く取り組めば、教育実践のなかで習慣となるはずです。

ひたすら聴く

毎日のスケジュールに、関係を築くための一五分の時間を二回以上確保しておきましょう。この時間に、立場の異なるコミュニティーのメンバー二人くらいと話し、何が起きているのかについて確認しましょう。

生徒や教職員、保護者、秘書、ほかの管理職、理事(6)などに耳を傾けましょう。ぼんやりと聞くだけではなく、心から話を聴く必要があります。彼らが何を言っているのか、何を感じているのか、何を必要としているのか、何を見ているのかを確認しましょう。

彼らはあなたとの関係を強化するために重要な情報を共有していますので、そのひと言ひと言に注意を払いましょう。話した人のリストを記録しておけば、あなたは全員の話を確実に聴けるようになります。

---

(5)　原書では「instructional leader」とか「instructional lead learner」などと表現されています。教え方の継続的な改善を学校レベルでリードするためには、学び続けることが欠かせないと捉えているからです。ここからは「リード・ラーナー」と表記します。

(6)　海外の学校では、理事会は名前のとおり学校の最高決定機関です。校長をやめさせる権限も理事会がもっています。日本の形式的な運営協議会とはまったく別物です。

質問をする

教師や生徒、保護者に質問を送ることでおおよその状況が分かります。質問には、グーグル・フォーム、ツイッターの投票、ボクサーグループ[7]への問い合わせのほか、電子メールが使えます。あなたの質問は、教師の士気を高めるための内容から、学校コミュニティーの心配事を学ぶことなどまで向けられるかもしれません。質問への回答から得られたことには、何らかの対応をしましょう。私たちは、コミュニティーのすべてのメンバーと毎日直接会えないかもしれませんが、デジタルプラットフォームを使用すれば彼らの声は毎日聞けます。

生徒と一緒に昼食をとる時間をつくる

非公式ではありますが、計画的に生徒と交流すれば、ほかの情報源からは得られない重要な気づきを得ることができます。

カンティアグ小学校（ニューヨーク州）では、著者の一人であるシナニス校長が、定期的に生徒たちとランチを一緒にとっています。生徒たちがランチの日を希望する場合もあれば、教室で何かを成し遂げたときのご褒美として校長と一緒にランチをとることもあります。

シナニス校長は、時間が空いているとき、何人かの生徒とランチをとりながらおしゃべりをしています。すべての生徒が校長と一緒にランチをとることを快く思っているわけではありませんが、グループ（六人以下が理想的です）で招待すれば生徒たちはすぐにリラックスし、ランチの間ずっとおしゃべりをするようになるでしょう。

週末の予定からグループが好きな歌まであらゆるテーマで話すというのはすばらしいことですが、ランチ時の「ミーティング」では、生徒たちの視点から見える学校の状況を聞くことが目的となります。意図的にそういう質問をして、情報を引き出しましょう。

学校の一日のなかで何が好きかを聞いたり、一週間のなかで一番好きな時間帯を聞いたり、学校に行かなくてもできることを聞いたり、どうしたら学校をより良い環境にできるかなどについて尋ねます。(8)学校は生徒たちのためにあるべきであり、教師のためにあるわけではないと再確認してください。

（7）「Google form」は、アンケートの収集、分析をするアプリです。「Voxer」は、複数での通話や音声データの共有を中心としたSNSアプリです。

（8）日本の小中学校で校長を務めた翻訳協力者の一人が次のようなコメントを寄せてくれました。「私も中学校と小学校の校長をしていたとき、『招待給食』と称して校長室に五～六人の子どもたちを招待して、一緒に給食を食べながらいろいろな話をしていました。生徒数にもよるのですが、年に一回行うのが精いっぱいでした。中学校の校長をしているときは、中学校三年生だけは二回、小学校の校長をしているときは六年生だけは二回行いました。また、『招待給食』以外の日は、教頭、教務主任、養護教諭、事務室の職員、業務員さん、学習支援員などの非常勤職員の人たちとともに、校長室の大きな会議用のテーブルで給食を食べていました」

目に見える形でお祝いする

いかに生き生きとしていて意味のあることを学校がしているのかを、コミュニティーに示せる現在進行形のストーリーをつくりましょう。これは、学校のＳＮＳのアカウントを作成すれば簡単につくれます。それは、ツイッターやインスタグラム、スナップチャット、またはあなたが使いやすいと感じているほかのメディアでもいいでしょう。

あなたの周りで起こっている何かしらの驚くべきことを共有するために、一日一回は投稿しましょう。このアカウントによって、あなたの学校のリブランディング(9)をはじめとして、あなた自身の物語を伝えることでアイデンティティーがつくりあげられます。

学校のＳＮＳのおかげで、コミュニティーが学校に抱いている否定的なイメージが薄らいでいくかもしれません。一般的にメディアは公教育を非難するものですし、教育現場の風景は必ずしもすべてが整っているわけではありませんが、私たちは書くことを通して声を上げることができます。学校の何気ない日常を祝い、それを公開することは、あなたが学校外との関係を構築するきっかけになるかもしれません。

校長室から出る

一日のスケジュールのなかに、校長の存在が目に見える時間を確保しましょう。校長室の外で、最低でも一日一時間程度は過ごすことを目標にしましょう。変革をもたらすリーダーは、メールを送ったり、会議のスケジュールを立てたりするだけで世界を変えているわけではありません。校長室から出て、生徒や教師、そして偶然出会った人たちとかかわりをもちましょう。

教師には、どのような支援が必要なのか尋ねてみましょう。教室では、何を学んでいるのか、なぜそれが重要なのかについて生徒たちに尋ねる時間をもちましょう。これらの二つの質問は、授業での活動状況を理解し、今後の授業改善計画に必要とされるデータを収集することにもなります。

また、休み時間や昼食時に生徒たちと一緒に遊べば、生徒たちは自分自身が大切な存在であり、あなたがいつも側にいることを理解するようになります。このような時間に展開される打ち解けた会話は、信じられないほど重要な意味をもちます。生徒が学校をどのように見ているのか、あるいはどのように感じているのかについて、実際の見方が知れるのです。

もし、あなたが単なる管理職からリード・ラーナーへと生まれ変わるつもりならば、あなたは校長室から飛び出さなければなりません。

（9）　ブランドないしイメージの再構築を意味する言葉です。

完全実施に向けての青写真

ステップ1 個人レベルの交流から毎日の学校生活をはじめる

シナニス校長は、少なくとも始業の一時間前には学校に到着しており、慌ただしくなる前にさまざまな人と接するようにしています。彼はこの時間を利用して、事務室のチームや用務員、教室の教師、アシスタント、そしてたまたま建物内にいるような人たちと打ち解けたおしゃべりをしています。

また、効率性と公平性を考え、シナニス校長は机の隅に職員の名簿を置いており、毎朝話した人の名前にチェックを入れるほか、毎月一度は全員と接するようにしています。職場の全員がポジティブな状態で一日の仕事をはじめる前の、疲れを感じていない朝の間にシナニス校長は意図的に会話を行っているのです。

さらに、生徒たちが登校しはじめると、シナニス校長は外に出て生徒たちと朝のつながりをもち、できるだけ多くの生徒に挨拶するようにしています。生徒の名前を知れば、一人ひとりの違いや個性に気づくことができます。

ステップ2　朝のアナウンスを使ってコミュニティーを始動させる

　毎朝の校内放送において、大切な情報や最新の情報を知らせ、学校の一体感をつくりだしましょう。このような朝のルーティン（習慣）を利用して、全校生徒が校内に入ってきた瞬間から学校の一員であることを意識させ、学校が親密なコミュニティーであると全員に思い出してもらいましょう。

　生徒は、約束事を伝えたり、アナウンスを読んだり、学校行事の宣伝をするといった機会を楽しむことができます。カンティアグ小学校の生徒は、毎日いくつかのアナウンスを聞いているわけですが、ジョークやその日に起きた出来事、学校全体の重要な情報など、ほかの適切なアナウンスを盛り込むこともできるのです。

　放送する生徒を無作為に選ぶのではなく、生徒を選ぶ過程に生徒自身が参加できるシステムを導入しましょう。たとえば、カンティアグ小学校の生徒は職員室に空白のカレンダーがあることを知っていますので、朝のアナウンスをするための申し込みを二か月前までに行っています。生徒自身が申し込むことによって責任感をもたせます。また、時間枠を管理しながら、学校コミュニティーのなかで生徒の声が発信できるようにします。

　あなたは学校のリーダーとして、特別な方法を用いて朝の時間を担当してください。シナニス校長は、毎日生徒と教師の誕生日をアナウンスし、学校コミュニティー全体で誕生日のお祝いをしています。誕生日のアナウンスの最後にはスマートフォンで自撮り写真を撮り、すべてのSNSに投稿しています（ミネソタ州のブラッド・グスタフソン校長、このアイディアを教えていただき感謝しております）。

ステップ3　教師が授業を計画する時間を確保するために代わりに授業を行う

学校で夢中になって生徒が学べるようにするためには、教師自身の学びを手助けする必要があります。教師が授業計画を立てられるように、また教師たちの忙しさを緩和するために、教師に代わって生徒たちと一緒に活動を行います。補充教師が不足している場合は、あなたが代わりに授業を行って授業が途切れないようにします。こうすれば、あなたは生徒とつながりがもてますし、あなたが教師を大切にしていることを示せます。また、あなたが授業を計画するための時間の重要性を理解していることが学校内に伝わり、教師たちも喜ぶことでしょう。

ステップ4　休み時間に自主的なクラブをはじめる

生徒たちが「マインクラフト」(10)をどれだけ愛しているのかについて何年も耳にしてきました。また、同僚の教師がさまざまな授業においてこのゲームを有効活用している様子を見て、シナニス校長はもっとこれについて学びたいと思い、カンティアグ小学校でマインクラフトのクラブを休み時間にはじめることにしました。

図書館は、館内の iPad や生徒自身の端末を使ってマインクラフトができるように週一回開放されています。この日は、生徒たちが夢中になっているテーマや、早くみんなと共有したいと思っているテーマについて話している様子を聞くすばらしい機会となっています。

このようなクラブは、マインクラフトだけでなく、「ライティングクラブ」[11]や「お絵描きクラブ」、「読書クラブ」でもかまいません。重要なのは、指定された時間と場所を確保して、生徒たちのペースで参加できるようにすることです。

ステップ5　透明性を高め、振り返りを可能にするブログを書く

ブログを立ちあげて、あなたの教育哲学や信念を共有してもらい、教育におけるさまざまな義務や政策、または動向について、あなたの立場がコミュニティーに理解されるようにしましょう。ブログではコメント欄で対話もできますので、学校コミュニティーのメンバーにとっては、校長とかかわりがもてるよい機会となります。

(10)（Minecraft）自分で自由に世界をつくったり、冒険をしたりできる箱庭ゲームです。インターネットで世界中につながれ、さまざまな遊び方ができるのが魅力となっています。

(11)創作やエッセイ、レポートなど、自由に文章を書くクラブのことと思われます。

ブログを書くもう一つの重要なメリットは、学校のリーダーとして自分自身を振り返る機会が設けられるほか、教師に対して建設的な専門能力を開発する機会（日本の「研修」）が提供できることです。そして、過去の地点を理解し、これからどこに向かっていくのかについて計画することもできます。

ステップ6 「ドリームチーム」をつくる

校長は、状況に応じて問題を解決するために多くの時間を費やしています。それはもっともなことですが、先を見越して行動するほうが効率的です。短期的には、意思決定をする際、起こり得るすべての結果を考慮してください。そして、将来を見据えて、理想の学校像を明確にするために議論を行い、その理想像を学校コミュニティーにおいて実現するにはどうすればよいのかについて考えましょう。

学校が発展を続けるためのアイディアを生みだすことを目的として、小さな規模でもよいので、教師や保護者、そして生徒で構成された有志のチームをつくりましょう。それを「ドリームチーム」と呼び、一緒に学校を変えていくのです。理想の学校像をともに明確にすることは、リーダーの存在感を発揮するためのすばらしい方法といえます。すべての構成員にとって重要なことについて対面で話せるからです。

課題を乗り越える

校長が目に見える形で学校コミュニティーとかかわりをもち、存在を意識してもらい、学校のリード・ラーナーであることを示すのは価値のある目標となります。とはいえ、現実には多くの人がこの変化に抵抗を感じてしまうでしょう。校長や教育長が定期的に教室を訪問することに抵抗を感じる教師もいるでしょうし、生徒のなかには、休み時間にするバスケットボールに校長を仲間として入れたくないと思う人もいるかもしれません。また、トラブルが起きたときを除いて、校長との接触に慣れていない保護者もいるかもしれません。学校の運営をハックする努力には、ある程度の抵抗が生まれるものなのです。

課題1　教師は、校長が教室に入ってくることを好みません。

伝統的に、校長は（人事考課のための）観察を行うか、ある種の問題を話し合うためにしか教室には来ません。このような状態は、もちろん「校長vs教師」という対立関係が継続することにつながります。校長が教室に入ったときに教師がストレスを感じ、訪れた動機を勘ぐるのは、このような考え方があるからでしょう。

実際、多くの教師は、このような校長の訪問に対して、何か間違ったことをしている教師を指導しようとしている、偶然を装った意図的な訪問である、と感じるでしょう。

このような誤解は、教師ではなく校長のほうに非があります。普段から、教室にいる時間よりも校長室にいる時間や外で会議をしている時間のほうが長い場合、教室のドアの前に校長が突然現れると、教師は間違いなく疑念を向けられていると感じてしまうでしょう。このような状況を変える唯一の方法は、毎日すべての教室に立ち寄り、その時々にあわせて適切にかかわることです。教室のドアのところで「助言」や「観察」などといった指導的なことは忘れて、自らが学ぼうとする姿勢で教室に入りましょう。

規模の大きな学校では、校長が毎日すべての教室に行くことは不可能かもしれません。そのようなときには、副校長や教科主任など、ほかのリーダーに協力してもらいましょう。すべての教室を毎日見に行けるように、リーダーたちで学校を分割するのです。また、ローテーションを組めば、少なくとも週に一度は、校長がすべての教室を見ることができます。

教室訪問とはどのようなものでしょうか？　それはあなた次第ですが、この機会を大切にしてください。生徒たちや教師に話しかけてみましょう。適切だと思う場合には、授業に参加するというのもいいでしょう。メモをとらず、静かに座って後ろから見ていましょう。教室で起きていることを写真に撮って、SNSで共有してみましょう。何をするにしても、授業に参加して、できるだけプレシャーを与えないようにしましょう。

毎日の教室訪問によって、人間関係が築かれ、学習がどのように展開されているのか理解できますし、あなたに情報を与えてくれます。くれぐれも、学校コミュニティーを効果的に支援するための機会であると理解してください。

課題2　かつて教室にいたころとは状況は変わってしまったので、教師は私のフィードバックに疑問を抱くかもしれません。

多くの教師は、教室を離れて教育の「暗黒（管理）面」(12)に行ってしまったリーダーを懐疑的に思っています。このような教師からすれば、学校の管理職は教室から離れ、生徒から離れ、教師から離れているように見えてしまいます。管理職たちが現場を離れてしまい、もはや直接かかわりあうことがないため、今日の教室において教師にのしかかっているプレシャーや期待は理解されていないと思われています。

(12)　原文では「dark side」と書かれていました。「スター・ウォーズ」シリーズで使われている言葉になぞらえているようです。

このような断絶に対処しなければなりません。もちろん、学校のリーダーが毎日教室に行くだけの十分な理由にもなります。

もし、学校における教えることや学ぶことがどのようなものであるのかを理解しようとするならば、校長は教室の中である程度のレベルで関与する必要があります。

もし、どのようなリソースが指導の強化に必要であるかを理解するためには、校長自身が学習と指導に関与しなければなりません。

もし、教室で起きている問題について教師が捉え直すための手助けをするならば、校長自身が問題を特定し、その問題にかかわる必要があります。

かつて教えていたときに比べて今日の教室が変わったと認識しているならば、教室にいることを優先して、余計なことをしないようにすべきです。

課題3　多くの人はメールに対する迅速な応答を期待しています。

あなたが仕事の大部分を校長室の外で過ごしている場合、同僚や上司は（私たち筆者がそうであるように）メールに対する返信が遅いことに不満をもっているかもしれません。そのようなリーダーは、「反応が鈍い人」と言われるかもしれません。

実際のところ、学校生活に参加すれば、メールのチェックを含む事務作業のほとんどを放課後まで放置することになります。急ぎの用件を伝えるためにメールを使い、即答を求める人がいることは分かりますが、私たちは教室や食堂、廊下などで多くの時間を過ごしています。それは、このような場所が生徒や教師がいる場所であり、リーダーが大切にすべき場所だからです。

幸いなことに、私たちの同僚や上司は生徒たちのことを第一に考えていますので、私たちがほとんど校長室にいないことは理解してくれています。とはいえ、教えることに直接影響を与える可能性がある事務的な問題に対処しなければならない場合もあります。

私たちの解決策は、スマートフォンに仕事用のメールを登録しておき、どこでもメールのチェックができ、すぐに対応できるようにすることです。また、同僚にはスマートフォンの番号を教えています。その理由は、彼らの時間は貴重であり、何か緊急なことが起こった場合にはすぐに連絡できるようにしておく必要があると考えているからです。

重要でないメッセージは、学校内をめぐり終えるまで読みません。校長が目に見える形でかかわりをもち、存在を意識してもらうことで変化をもたらすというのは、現在の学校を先導するリード・ラーナーになるために必要なステップであると、同僚や上司も最終的には理解してくれるはずです。

（13）　理事会や行政のことでしょう。

実際にハックが行われている事例

あなたが単なる管理職から継続的な改善を行うリード・ラーナーに変身できれば、すべてのことが自分のためであると同時に、自分のためのものではないということに気づくはずです。学校のリーダーという立場は、学校コミュニティーのすべての人に影響を与えるという重要な役割を担っています。リーダーは、コミュニティー全体の文化や雰囲気、風土を形成します。そのため学校コミュニティーは、有能なリード・ラーナーであり、最新の持続可能な教え方に精通した変革型の教育者に期待しているのです。

シナニス校長の話

数年前、ジョー・マッツァは、小学校の校長としての仕事を表現するために「リード・ラーナー（構成員の学びに刺激を与え続ける学習者）」[14]という言葉を使っている、とツイートしました。私はこの言葉について調べはじめ、フランやマルザーノ[15]のような教育思想家の言葉に何度も出合いました。彼らは、教師や生徒、学校コミュニティーの人々の学びに焦点を当てた教え方のリーダーとして、校長がいかに重要であるかについて強調しています。

彼らの本を読めば読むほど、私は校長として、自分の時間とエネルギーの大部分を周囲の人々の学びに捧げていることに気づきました。私は、学ぶことや教えること、そしてカリキュラムや指導に情熱を注いでいますので、これらの仕事の側面は私にとって重要なものであると感じています。

私は、自分が学校コミュニティーのなかに存在する多くのリード・ラーナーの一人であることに気づきました。なぜなら、私は自分自身の日々の行動を通して学ぶことの重要性をモデルで示し、周囲の人々の学びをサポートし、促進しているからです。もちろん、単にリー

---

(14)　(Michael Fullan) トロント大学オンタリオ教育研究所元所長です。教育改革の権威として世界的に知られています。著書として、『教育のディープラーニング——世界にかかわり世界を変える』（松下佳代ほか訳、明石書店、二〇二〇年）などがあります。訳者の一人の吉田が『校長先生という仕事』（前掲）を書いたときにもっとも影響を受けたのが彼の著作でした。学校改革およびそれに果たす校長の役割に関して、すでに四〇年にわたって情報を発信しています。

(15)　(Robert J. Marzano) 長らくコロラド州にある「Mid Continent Regional Laboratory」の上級研究員でした。ブルームの教育目標の分類に組み込まれていなかったシステム思考やメタ認知に注目し、新しい分類を提案しました。著書として『教育目標をデザインする——授業設計のための新しい分類体系』（黒上晴夫ほか訳、北大路書房、二〇一三年）などがあります。

ド・ラーナーの仕事をモデルとして示すだけでは十分とはいえません。リーダーシップをハックする準備ができている管理職は、生徒や教師、保護者の誰もがリード・ラーナーになる機会を受け入れるように奨励しなければなりません。すぐれた学校や教育委員会では、誰もが学習をリードする役割を担っているのです。

たくさんの仕事をしなければならない状況でハックの準備ができているリード・ラーナーは、以下のような特徴をもっています。

・学ぶことをモデルで示します。
・誰かが苦労しているときには、その人の話を聞きます。
・長く辛い日々が続き、生徒や教師が楽しみを必要としているときは、行事やイベントなど憩いの場を提供します。
・生徒や教師のニーズを主張／代弁します。
・教師がリスクを取りつつ指導の効果を最大限発揮できるように、障害となっていることを取り除きます。
・自分自身の[16]子どもが不当に扱われていると感じている保護者と面談します。
・学校理事会に対して、クラスを追加設置することが子どもたちにとって有益であると説明し、納得させます。

学校のリーダーはさまざまなことができるので、その権限をもつ校長に焦点が当てられています。しかし、それは個人としてのあなたにではなく、リーダーである校長としてのあなたに対してです。ですから、すべてを背負う必要はありません。あなたは、学ぶ必要も成長する必要もないという完璧な状態に到達しているわけではありませんので、常に謙虚さをもって学び続けましょう。

校長室に一日中座って、周囲の人に対して指示を出しても誰の成功にも貢献しませんし、人々を惹きつけることもありません。個人的な立場や考え方に基づいて固定マインドセットを採用したり、偏見に基づいた学校制度を黙認することは有益ではありません。仕事に真面目に取り組み、学校コミュニティーに心血を注ぐ学校のリーダーになると同時に、自らのエゴを抑えましょう。

「今、ここ」に集中し、夢中で取り組む学校のリーダーは、政治的なかけひきが教育に浸透

(16) 欧米では、公立の学校でも学校理事会が学校運営の最終決定機関となっています。校長の採用・解雇に関する権限も、この機関がもっています。理事会のメンバーは、校長、数名の教師、数名の保護者、数名の地域の住民、中高の場合は数名の生徒代表で構成されます。日本の学校運営協議会などとは、まったく別次元のものです。

していることを理解しています。そのため、時間をかけて人間関係を構築しなければなりません。すべてのコミュニティーのメンバーとのつながりに時間を割くことで、よき人間関係が徐々に蓄積され、その関係が、とりわけ厳しい状況に陥ったときには「魔法の切り札」となるでしょう。

実際のところ、学校コミュニティーのほとんどの人は（リーダーでさえも）個人的な思惑をもっています。人々の信頼を得て、さまざまな思惑を理解し、生徒たちとコミュニティーの最善の利益を生みだすために、それらの思惑をうまく調整していくのがリーダーの責務なのです。

メンバーに好かれることを意識して、エネルギーの無駄遣いをしないようにしましょう。もし、そのようなことをしてしまえば、ある時点でコミュニティーのメンバー全員が何らかの理由であなたを嫌うようになるでしょう。その代わりに、信頼と、それに基づく健全な人間関係を築くことにエネルギーを注ぐのです。その行為は、あなたのためだけではなく学校全体のためにもなります。健全な人間関係の形成がコミュニティーの核心であることを忘れないでください。

すべての会話ややり取りを意図的に行いましょう。リーダーは、通りすがりや観察のあとにおしゃべりをするだけでなく、より多くの時間を教師との話し合いに費やす必要があります。学びについて話し合う「神聖な」時間を確保したり、教え方について話し合うための会議を予定したり、生徒のレディネス(17)の状態や、生徒のニーズを満たすためにどのような行動をとれば最善になるのかについてチームで話し合いましょう。

学ぶことと教えること、および成功や失敗について話す時間が必要です。ただ話すだけではなく、ねらいと目的を明確にして話し合いましょう。それを通して学校のなかで起こっていることが見えてきますし、学習者のニーズを最大限に満たせるようになるからです。

＊＊＊＊＊

学校のリーダーシップをハックすることには、多くの変化をもたらすといった意味が含まれています。そのなかで、最初の変化であり、もっとも重要な変化は、校長が学校コミュニティーとのかかわりをほとんどもたない「管理職」から「今、ここ」に集中し、学校コミュニティーのあらゆる面に夢中でかかわり、教え方に関して継続的な改善を行う「リード・ラーナー」に変わることです。

(17) レディネスとは心理学の用語で、学習の成立にとって必要な「前提となる知識や経験など」や「心身の準備の度合い」を意味します。

もちろん、校長にはメールをチェックし、会議に参加し、「やること」リストに記載されているすべての役目を終わらせるための時間をつくる必要がありますが、もはや自らを机や校長室に拘束しておくことはできません。私たちの学校に必要なリーダーの特質は、管理的な仕事を行うのではなく、関係を構築するために時間を費やすサーバントリーダーシップなのです。

学校を変革しようとするリード・ラーナーとしての校長であれば学校文化に与える影響について理解していますので、学校にプラスの影響を与える文化の構築を目指して努力をするはずです。

ハック2

C.U.L.T.U.R.E(文化)をつくりだす

リーダーが率先してはじめよう

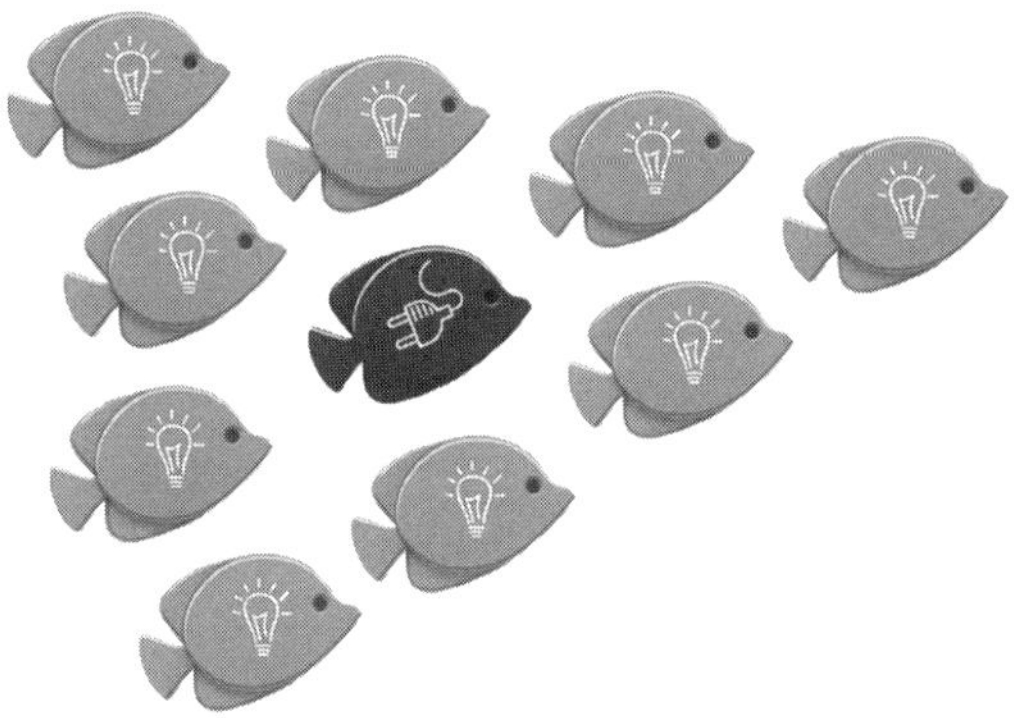

文化を正しく理解していれば、
ほかのことはほとんど自然にできるようになる。

（トニー・シェイ［Tony Hsieh, 1973〜2020］
オンライン靴店「ザッポス」の元最高経営責任者）

問題――校長は自分の影響力を過小評価している

　学校文化はさまざまな方法で定義され、記述されていますが、最終的にはリーダーシップに帰着します。校長が単独で学校文化を創造するわけではありませんが、学校文化の形成および印象にもっとも大きな影響を与えています。生徒や教師、保護者など、多くの人の行動がその文化を表現し、継承しています。しかし、とりわけ校長の気質やリーダーシップのスタイルが、学校を良い方向にも悪い方向にも導きます。

　学校文化を定義するうえで厄介なのは、文化は固定されたものではない、ということです。文化とは、人々が学校で経験する感情や認識を反映したものであり、健全な環境では時間が経過するとともに変化するのです。

　多くの不確定要素が学校文化を変容させる原因となっています。学校が生き生きとしているように感じられなければ、学校に対する感情や認識はよくなりません。その場合、学校文化は静止しているか、ずっと変化しないように見えるはずです。また、文化は伝統のなかに根付いているように思われるので、変えることは不可能のようにも感じます。その結果、文化は「これが、いつも私たちがやっているやり方です」というメッセージになり、イノベーションや発展を受け入れない言い訳になってしまいます。[1]

このような否定的な文化さえも、組織のリーダーにまで遡れます。堅苦しく、傲慢で、無能な管理職は否定的な文化を持続させます。一方、自信があり、博識で思いやりのある「教え方の継続的な改善を率いるリード・ラーナー」は肯定的な文化を広めます。肯定的な文化をつくりだすことは、学校のリーダーが真摯に受け止め、果たさなければならない責務なのです。

ハック――肯定的なC.U.L.T.U.R.E（文化）を育む

学校においてハック（改善・改革）を成功させるためには、その学校特有の文化を十分に理解し、学校内の教師がそれをどのように感じているのかを判断する必要があります。私たちは、このハックで学校のリーダーを支援するために「C.U.L.T.U.R.E.」（Communication Uncover Learning Transparency Ultimately Reveals Everything）という頭字語をつくりました。その意

（1）翻訳協力者が、日本の学校の特徴である人事異動も含めてコメントを寄せてくれました。「どの学校でもよくあることですね。リーダー（管理職）をはじめとして教員の異動が短いスパンで行われ、さまざまな形式だけが文化として残っていくのが理由の一つかもしれません」

味は、「コミュニケーションは学習の機会を見いだし、透明性はあらゆることを明らかにする」となります。

コミュニケーションは学校文化の中心です。コミュニケーションをうまくとり、他者との関係を良好に保っている校長は、プラスの影響力を学校のシステム全体に波及していきます。明確で一貫性のあるコミュニケーションをとれば、学校コミュニティーのメンバーが重要な情報を共有することができるため、組織の透明性が育まれます。その内容が、教師に影響を与えるカリキュラムの決定に関するものであろうが、生徒やその家庭にかかわる方針変更であろうが、リーダーが真摯にかかわれば信頼を得られますし、より多くの支持が得られます。

しかし、リーダーの決定があくまで生徒たちのためになされたものであるとはっきり確認できることが条件となります。常にコミュニケーションをとり、透明性のある実践を進めればプラスの効果をもたらすことを忘れないでおきたいものです。

学校の壁を越えて学校の文化や共同でつくったヴィジョン(*)を広めたあと、一旦立ち止まって、そのメッセージが周囲の人々にどのように響いているのか尋ねてみましょう。

(*) ヴィジョンとは、3～7年ぐらいあとに達成したい姿です。日本のすべての学校にある、何年経っても実現するかどうか分からない教育目標や理想の姿(願い)とは違います。メンバーが努力すれば実現するという姿を表したものです。

学校文化が生徒や教師にとって大切なことである、とその価値を認識していれば、学校の焦点は「それがあるべきところ」に当てられます。そうです、学習です。また、学校文化とリーダーを切り離すことはできません。なぜなら、その人の行動が直接学校の規範を形成し、影響を与えるからです。

教育者で作家のトッド・ウィテカー（Todd Whitaker）氏は、『すぐれた校長の異なるやり方（What Great Principles Do Differently）』（未邦訳）という本のなかで次のように語っています。

「校長がくしゃみをすれば学校全体が風邪をひく」

学校でも教室でも、リーダーがその空間の気風を決めます。学校のリーダーが大切にしていることや強調していることは、最終的には教室や建物にも浸透していきます。もし、学校のリーダーが行政から課せられた義務や方針、テストの点数に焦点を当てるならば、それが学校文化を決定づけ、校風となってしまうでしょう。

学校のリーダーは文化に多大な影響を与えているわけですから、文化を前向きなものにし、コミュニティーすべてのメンバーと健全な関係を築いていく必要があります。そうすれば、肯定的で生産的な文化が強化されるはずです。

あなたが明日にでもできること

学校文化を形成するという目論見は抽象的なものですから、とまどってしまうリーダーもいるでしょう。残念ながら、学校文化の特性について考えただけでは変化はもたらせません。恐怖心に押しつぶされることなく、リーダーは行動を起こす必要があります。まずは、コミュニケーションから手をつけましょう。大きな効果が期待できますので、学校文化をハックする初手としては最適です。

教職員に食べ物を差し入れする

もし、学校文化を構想したり、焦点化することが難しい学校を受け継いだのであれば、まずは教職員との日常的な話し合いや関係を構築するための時間をつくりましょう。このような日常的な集まりを容易にする最良の方法は、教職員に食べ物を差し入れることです。なぜなら、食べ物を囲んで一緒に集えばみんなが打ち解けるからです。

校長室にお菓子を置いておいたり、朝食にベーグルを用意したり、昼食にピザを注文したりなど、教職員に対して食べ物をこまめに差し入れましょう。会話が弾み、教職員の心情が感じられるようになりますので、文化を醸成するには最適のスタートとなります。

あなたの学校文化の状態を明確にする

学校のリーダーが教師と学校文化について率直に意見交換を行う機会は、驚くほど少ないものです。学校のヴィジョンや仕事上の優先順位、教育理念などについて話し合うことはよくありますが、重要な学校文化についての対話はあまりありません。(2)

学校文化の現状を明確にし、それをいかすことが、効果的な変化を起こすための第一歩となります。アンケートやミーティングで個人的に情報は収集できますが、まずは教師との会話からはじめる必要があります。文化は学校の内側からはじまり、学校の外へと広がっていきます。直接会って話をする前に、以下のような質問を教師に投げかけておきましょう。

❶私たちの学校文化とは何でしょうか?
❷私たちの学校は、ほかの学校と何が違うのでしょうか?
❸私たちの学校のことを考えると、どのような気持ちや感情が呼び起こされますか?

(2)「年度初めの会議や学期末の反省などの場で話し合うことはありますが、なかなか恒常的に情報交換する場面は少ないかもしれませんね」というコメントが翻訳協力者から寄せられました。学校文化はおろか、実務的なことについても日常的に話し合う場面が不足しているようです。

❹学校に肯定的な文化を築きあげるためには、どのようにすればよいでしょうか？(3)

コミュニケーションのとり方を保護者と共有する

まず、学校のチームで学校文化を明確にしたら、それをどのような方法で保護者に伝えるのか、そして学校で起こっているほかの素敵な出来事を保護者に伝える方法を決めましょう。

もはや学校は、周囲のコミュニティーとの関係を閉ざしている「鉄壁の城」として機能することはありません。その代わり、一定のコミュニケーションの流れによって生じる「透明性」を高める必要があります。

それだけに、保護者が校長や子どもに関連する情報にアクセスできるようにする必要があります。私たちはデジタルツールの力を活用して、学校の壁を越えて、学校内で生まれている物語を拡散するように加速させ、増幅させなければなりません。フェイスブックやツイッター、グーグル・ドキュメントなどから一つのプラットフォームを選んで、学校の「C.U.L.T.U.R.E.（文化）」のさまざまな側面を保護者と共有してみてください。

一週間、SNSのインターンとして生徒たちに活躍してもらう

教師が生徒に与えているすばらしい教育機会を目に見える形にして、生徒たちにその情報を伝

えてもらいましょう。あなたの学校で「SNSのインターンの期間」や「今週のツイッター」などの企画を実施して、生徒たちが自らの物語を語る機会を提供しましょう（ツイッターがお好みのプラットフォームでない場合は、「今週のインスタグラマー」や「今週のスナップチャッター」とすればいいでしょう）。

要するに、教師のほうから生徒にSNS担当の役割を委嘱して、教室でのストーリーを語ってもらうのです。とはいえ、生徒にすべてを任せる前に必要な設定を決めておくほうがよいでしょう。たとえば、「投稿をアップする前に教師の承認をとる必要があります」などです。

SNS上での複雑な操作が難しいと思われる小学生の場合は、「今週の写真家」という役割を創設して、写真を撮ってもらうだけでもいいでしょう。その写真を、あとで教師がSNSにアップロードすればいいのです。

学校には信じられないようなすばらしい物語がたくさん存在していますし、生徒たちは最高の語り手なのです。あなたの学校の物語をつくりあげるために、生徒たちをぜひエンパワーしてください。

（3）　翻訳協力者の一人で校長になるのを控えている人から、「早速、これやってみます」という力強いコメントが寄せられました。

完全実施に向けての青写真

ステップ1 すべての学校関係者と継続的なコミュニケーションを構築する

学校文化についての理解が深まったら、発見したことを共有しましょう。「これが私たちの姿であり、私たちがともに目指そうとしているものです」というメッセージを、メールやニュースレター、ビデオの更新、対面のコミュニケーションにおいて広めるのです。

このメッセージでは、主語が「私たち」になっていることが極めて重要となります。ＰＴＡの会議や教師の集まり、ＳＮＳなど、学校にかかわるすべての人が含まれています。学校の紹介の仕方に一貫性をもたせることで、学校コミュニティー全体の理解が深まります。

ステップ2 保護者と教師に情報を提供する

現実として、保護者のなかにはＳＮＳに対して否定的な認識をもっている人もいますので、あなたが使用しているプラットフォームについて保護者に説明する必要があります。たとえば、ツイッターをはじめる場合、家庭と教師が参加しやすい時間帯でツイッターの入門講座を何回か開催してください。事前に開催内容を広報して、全員が日程を確保できるようにしましょう。

ＳＮＳに対する偏見を修正するために、講座のなかでメールや配布物を通して情報やリソースを提供しましょう。ＳＮＳがどのように機能するのかについてや、どのように使用されるのかについて説明し、講座に参加した保護者がアカウントを設定して、自分自身でプラットフォームに触れられる時間を確保しましょう。そして最後に、参加できなかった人とも情報が共有できるように、入門講座を誰かに録音・録画してもらうといったことも検討してください。

ステップ3　質問をする

学校文化や教職員と協働でつくった学校ヴィジョンを学校外に広めたあと、一旦立ち止まって、そのメッセージが周囲の人々にどのように響いているのか尋ねてみましょう。コミュニティーの幅広いメンバーに質問をして、学校の物語に対してどのような反応をしているのか、人々の感じ方を調べてみましょう。

送り迎えの場所におけるくだけた会話や、ＰＴＡの会議の前後、教師のいるラウンジを通るときなどにフィードバックを求めましょう。または、五分以内で回答できるような、三つ以内の質問による簡単なアンケートを行いましょう。

日常的な対面での会話では、声の調子や身振り手振り、アイコンタクトが確認できるので多くの情報が得られますが、アンケートであればさらに多くの人が参加できます。個人的な内容でも、授業などの専門的な内容でも、よい回答が得られれば回答者の心をつかんだといえるでしょう。

発信された学校文化が持続可能なものだと判断した場合でも、質問は続けましょう。年に一度と限定せず、最低でも年に四～五回は学校文化について検証してみてはいかがでしょうか。(4)

ステップ 4 コミュニティーに発信のチャンスを委ねる

学校文化がコミュニティーに受け入れられて良好な状態にあり、全員がヴィジョンを共有していると分かったら、メンバー全員に対して、それぞれの物語を語ってもらうようにお願いしましょう。たとえば、カンティアグ小学校では、毎週、各クラスの六人の生徒がそれぞれの学年で何が起きているかを調査し、最新情報を映像にして学校のユーチューブチャンネルで公開しています。

学校での出来事を公開することは、教師をサポートし、刺激を与え、生徒を評価し、励まし、学校の「C.U.L.T.U.R.E.」についてより広いコミュニティーに情報を提供するだけでなく、気づきや理解を与えることにもなります。私たちは次の二つの方法で、ビデオの更新を可能なかぎり簡単なものにしています。

❶グーグル・ドキュメントに予定表を作成し、教師にいつユーチューブの収録があるかを分かるようにしています。

❷前もって生徒が段取りを理解できるように、行うべきことが書かれているリストを作成しています。通常、教師が映像作成を行う生徒を選んだあと、月曜日に校長先生と面談して計画を検討し、週の後半に生徒たちが必要な情報を集めたところでビデオを作成しています。

ステップ5 ヴィジョンを磨く

あなたが学校文化を構築する際には、その文化が形づくるヴィジョンを磨き続けてください。たとえあなたが導入したシステムが成功したとしても、問題を解決するだけでは理想的な学校はつくれません。強力で前向きな文化をもつ学校であっても、それ自体が継続して成長できるように努力する必要があります。

生徒や教師、保護者に「ドリームチーム」(5)への参加を促し、継続的に成長するための優先リストを作成し、進捗状況に応じて計画を修正するなど、ヴィジョンを磨く手伝いをしてもらいまし

(4) 翻訳協力者から、「日本では『学校評価』がありますが、年に一度という学校が多いですよね。同年度内に複数回行うことがポイントになりそうです」というコメントがありました。また、毎回同じような内容ではなく、答える側に発見と学びのあるような質問も、です。
(5) 学校理事会のメンバーというふうに解釈できます。ヴィジョンを磨くためだけに別のチームをつくることはあまり現実的ではないかもしれませんから。三三ページの注（16）を参照してください。

ょう。停滞してしまうと、自然界と同じく学校文化が無秩序になってしまいます。文化の活力を保ち、改善を求めることで学校に活力を吹き込みましょう。

課題を乗り越える

肯定的な学校文化をつくるうえにおいて、教え方の継続的な改善を進める「リード・ラーナー」である校長の大きな影響力を考慮しても、校長以外の人が学校に与えている影響を無視することはできません。また、前向きな学校文化を促進しようとするリーダーの努力を、すべての人が支持するとはかぎりません。

実際には、よい学校文化を妨害しようとしている人がいるかもしれません。そのため学校文化には、分裂したり、否定的になったり、時には破壊的なものになる可能性さえ含まれています。

課題1　学校文化を広めるためにSNSを使用することは生徒たちを危険にさらします。

SNSの利用については、多くの学校や教育委員会で話題になっています。残念なことに、SNSに関して否定的なイメージしか思い浮かばない場合があり、それがデジタルプラットフォームへの参加を躊躇させる原因となっています。

学校のリーダーは、生徒が公共の場所でバッシングされたり、ネット上で誹謗中傷にさらされたりすることなど、ネットに関する不安があるためにＳＮＳを避けています。ツイッターやインスタグラムのようなＳＮＳといえば、軽薄とも思える有名人が日々の活動を分刻みでつぶやいたり、ひどい場合にはいじめのエピソードを公表することもあります。ＳＮＳには明らかな利点があるにもかかわらず、このような否定的な発言によって多くのリーダーが避けています。

ＳＮＳを取り巻く誤解を解きほぐし、リーダーとしてのあなたや教師をはじめとする関係者に無料のリソースが提供するパワフルな機会について議論をしてみてはいかがでしょうか。まずは、ＳＮＳについて学ぶことからはじめましょう。さまざまなＳＮＳのプラットフォームがどのように機能しており、どうすれば目的に沿って効果的に利用できるかについて、学校コミュニティーのすべてのメンバーと学んでいきましょう。

たとえば、多くの学校では、教師を対象としたＳＮＳの利用方法についての非公式な勉強会を実施しています。そのような学校では、知識が「力」であることを理解していますので、講師として保護者を招待してＳＮＳの入門プレゼンテーションを行ってもらい、教師の認識を改めるだけでなく恐怖心を和らげ、彼らからの質問に答えるようにしているリーダーもいます。

加えて、学校のリーダーとして次の三つのモデルを示すことにもなります。

❶自分の専門性を高めるための学習のネットワーク(6)(Personal Learning Network)を築くことです。
❷外部に人材募集情報を公開するために学校のハッシュタグ(7)を作成することです。
❸学校で起きていることの重要性を表す写真を共有するなど、目的のためにSNSを積極的に使用すれば適切なデジタル・シティズンシップ(8)が示せます。

課題2　親は自分の子どもをSNSに載せたくありません。

デジタルツールやSNSを利用して保護者とコミュニケーションを取る方法を説明したとしても、子どもの写真や物語が使われることに対して抵抗を感じている保護者は多いものです。それをふまえて、子どもが映ってもよいかどうかに関して選択できるといった機会を保護者に提供しましょう。

新聞やテレビのニュースなど、学校の画像・映像を取り上げる可能性があるメディアに加えて、学校のストーリーをさらに拡散できるSNSが含められていることを説明する手紙を保護者に送りましょう。もし、保護者が自分の子どもを取り上げてほしくない場合は、書面でその旨を伝えてもらうようにします。すべての保護者から許可書へのサインをもらうよりも、取り上げてほしくない家族に対処するほうが簡単です。

課題3　教師の士気が低く、ストレスを感じていますが、どうすれば彼らに「C.U.L.T.U.R.E.」の話ができるでしょうか？

前向きな学校文化があったとしても、教師は常にストレスと不安を生みだす国や教育委員会からの「命令」にさらされています。スタンダード(9)の変更や、それに従って教師の評価が変化したとき、あるいは標準テストの点数が上下するたびに教師は槍玉に挙げられ、がっかりするような状態が何年も繰り返されてきました。このようなことは、多くの人にとっては日常茶飯事かもしれませんが、決してそうである必要はないのです。

行政による政策や、依頼という名のもとの指示、情報提供などすべてが学校に影響を与えます

(6)　翻訳協力者がこの部分を読んで、「この『学習のネットワーク』という表現を読んで、私自身がかかわった地域教育プラットフォーム事業『子どもの学びを豊かにするための地域と学校とのネットワークづくり』というテーマを思い出しました」というコメントを寄せてくれました。地域であれ、個人的なつながりであれ、自分から学びのネットワークをつくることは教育に携わる人にとってとても有益です。
(7)　ハッシュタグは、SNSで話題としている短い言葉に「#」をつけて目印とするもので、これによって検索や情報収集がしやすくなります。
(8)　情報テクノロジーの利用における適切で責任ある行動規範を意味します。情報テクノロジーに関する倫理的・文化的・社会的な問題を理解し、責任をもって、かつポジティブにそれを利用するための規範です。
(9)　日本では、学習指導要領がこれに相当します。

が、それらが教室での授業や学びにどのように現れ、教師にどのような影響を与えるのかを決定づけるのは校長です。

たとえば、数年前、ニューヨーク州教育局は「Engage NY」というウェブサイトで英語学習のために標準化された学習用教材を公開しました。この教材は州が作成したものではなかったので、必ずしも教室で使用しなければならないというものではありませんでした。しかし、不幸なことに、多くの学校のリーダーがこのリソースの利用を義務とし、インターネットにアクセスしてすべての教材をプリントアウトし、教師用のバインダーを作成して教師に配り、「カリキュラム」としてできるだけ早く実施するように、と指示したのです。容易に想像できると思いますが、これによって多くの学校で教師の士気が低下し、学校文化は大幅に悪化していきました。

いうまでもなく、そこにはコミュニケーションも振り返りもありませんでした。州からの情報を勝手に解釈してしまったリーダーが、それによって及ぼされる影響を考えることなく行動を起こしてしまったのです[10]。

ここで挙げた例は、教育委員会からの指示や情報提供、あるいは政策を私たちがどのように扱うのかについて振り返るためのモデル・ケースではありません。変更した政策を実施しなければ、と躍起になる前に一度立ち止まりましょう。教え方を継続的に改善するリード・ラーナーとして、まずは政策（指示や情報提供も）の意図を確認します。その後、どうすれば自分の学校に有意義な形で組み込めるのかを考えて、学校コミュニティーの人たちも巻き込んでいきましょう。

成功のカギは、コミュニケーション、振り返り、協働による意思決定です。もし、これら三つがあれば教師の士気を高い状態で維持できますし、学校文化を前向きな状況で保てます。

課題4　もし、私たちが学校文化を重視すればテストの点数が上がるのでしょうか？

学校文化とテストの点数は相容れないものではありません。文化に焦点を当てることは間違いなくできますし、長期的には、前向きな文化がテストの点数に影響を与えることが分かっています。たとえば、子どもたちは、大切にされていると感じ、自信をもち、幸せを感じる学校に通うと脳からエンドルフィン(11)が分泌され、学習によい効果があると分かっています。生徒が学習に積極的に取り組み、学びに責任をもてば、すべての教科で良好な成績が収められるのです。

(10)　翻訳協力者が、「リーダーになると、利用できるものやあるものはやったほうが生徒のためになるという考え方から抜けだすことが難しいようですね。どのように利用するのか、または利用しないのかをほかの教員も巻き込んで決めることが大切だと思いますが、それができるリーダーは少ないでしょうね」というコメントを寄せてくれました。

(11)　(endorphin) 脳内で機能する神経伝達物質の一つで、モルヒネと同様の作用を示します。とくに、脳内の「報酬系」に多く分布しています。内在性鎮痛系にかかわり、また多幸感をもたらすと考えられているため「脳内麻薬」と呼ばれることもあります。

もちろん、これは教師が同じように感じている場合にのみ可能となります。生徒と教師が成長し、本物の喜びを感じられる環境をつくるためには、リーダーは学校文化に焦点を当てなければなりません。選択するのはあなたです。断片的なテスト対策の活動に投資して短期的な結果を得るのか、それとも前向きな学校文化に投資して長期的な結果を得るための基礎を築くのか、選ぶのはあなた自身です。

実際にハックが行われている事例

ヴィジョン・ステートメント(12)を作成することは、学校の「C.U.L.T.U.R.E.」を伝えるうえにおいて不可欠となるステップです。しかし、それは、リーダーが単独で取り組めるという簡単なプロセスではありません。

シナニス校長のストーリー

カンティアグ小学校のヴィジョン・ステートメントを改訂するのに、私は何年も悩んでいました。なぜなら、学校文化を明確に伝えるために、私たちのヴィジョンをどのように捉え、表現するベストな方法がよく分からなかったからです。そこで三年前、生徒と保護者、教師で構成されている「意思決定チーム」は、学校文化の本質を捉えられるように学校のヴィジョンを書き直し、再構築するという重要な任務を担いました。そして私たちは、そのヴィジョンを、学校の壁をはるかに越えて広く届けたいと考えました。

私たちはまず、カンティアグ小学校やそこでの経験をもっともよく表していると思われる言葉をリストアップしました。このリストは、最終的に約一〇〇語もの単語やフレーズとなったため、それを絞り込んでいくという作業は結構大変なものでした。

この作業には、教師や保護者、生徒へのアンケート調査や話し合い、多くの調査、そしてフォローアップにおける話し合いなども含まれていました。何か月もかかりましたが、カン

---

(12)　ヴィジョンについては四〇ページのコラム内の注を参照ください。ステートメントは、それを長くても一〇〇字ぐらいで表した簡潔な文章のことです。その例として、このあとの五八〜六一（とくに六〇〜六一）ページを参照ください。また、つくり方については、『増補改訂版　シンプルな方法で学校は変わる』（吉田新一郎・岩瀬直樹、みくに出版、二〇一九年）の一八七〜一九一ページを参照してください。これに関するより詳しい情報は、『校長先生という仕事』（前掲）および『エンパワーメントの鍵』（クリスト・ノーデン－パワーズ／吉田新一郎・永堀宏美訳、実務教育出版、二〇〇〇年）で得られます。ポイントは、校長が一人で学校経営計画を書かないというところにあります。

ティアグ小学校に最適な言葉をいくつか決めたあと、私たちはヴィジョン・ステートメントが実際にどのようなものであるべきかについて協議しました。

箇条書きのリストをつくるのでしょうか？　もしかしたら、別の方法で書くことができるのではないでしょうか？　まったく別の方法として、ウェブサイト上でいつでも見られるようなワードル(13)を作成するべきなのでしょうか？

このように、私たちは実りのある話し合いをしましたが、結論に至るまでかなり苦労しました。

意思決定チームは、カンティアグ小学校での経験をビデオで表現するのが最適ではないかという考えに至りました。それは、学校生活に関する写真を使って、文字どおり学校のヴィジョンを（目に見える形で）示せるというものです。

チームの努力によって、ヴィジョン・ステートメントはアイディアの状態からビデオという形に具現化されました。私たちをカンティアグ小学校の一員と感じさせてくれるものや、この学校での学びを、誰の目にも明らかになるようにまとめたわけです。完成した私たちのヴィジョン・ステートメントは、肯定的な学校の「C.U.L.T.U.R.E.」を構成するすべてを真に反映するものとなりました。

シナニス校長のヴィジョン・ステートメントの見直しに関する事例はカンティアグ小学校に特有のものですが、前向きな学校文化を育てて広めたいと願うリーダーは、信頼と尊敬に根ざした人間関係を構築しなければならないと考えています。このような関係は、効果的なコミュニケーションの原動力となるほか、学校文化においてはとても重要です。

私たちは、一貫性をもって学校内のすべてのメンバーに、その文化の雰囲気や効果を明確に伝えなければなりません。コミュニケーションによって学校文化を話題にするという流れには、形成的評価としての機能も含まれます。これによって、誤った点は自己修正し、学校のよい面を強化し、永続的で前向きな文化につなげることができます。(14)

透明性のある学校のリーダーは信頼関係を育みます。なぜなら、学校コミュニティーのメンバーは、誰もが目に見える、強力で一貫性のあるメッセージに反応するからです。生徒や家族、教師は、何をしているのか、なぜそれをしているのかが分かり、生徒にとって最善の利益のために

---

(13) 対象を的確に表現するいくつかの単語をグラフィカルに並べて視覚化したものです。

(14) 日本の学校目標やヴィジョン的なものの議論に、「形成的評価」や「誤った点を自己修正し、学校のよい面を強化することができ、永続的で前向きな文化」をつくり続けるという発想はあるでしょうか？ 固定化されて動かないというイメージが強いために、評価の目に晒されるもの、修正・改善が可能なものであるという意識は極めて薄いような気がします。

行動してくれるリーダーに信頼を寄せるものです。

これらの関係性や高いレベルの信頼、文化的な規範は、学校全体、そして学校を超えてコミュニティー全体が共通のヴィジョンを共有するように更新されなければなりません。学校のヴィジョン・ステートメントを書き換えたり、再定義したりして、あなたがつくりたい文化を明確に表現するようにしてください。

リーダーシップを発揮する立場にある人に与えられた最初の仕事は、学校のヴィジョン・ステートメントを考えることです。お分かりでしょうが、そのフレーズや言葉を箇条書きにした一覧表は、学校教育のなかで試して、生徒にとって学校での経験がどのようなものになるのかを把握するために使用されるものです。自分の学校のヴィジョン・ステートメントをしばらく見ていない、という人もいるでしょう。一例を紹介しておきましょう。

私たちのヴィジョンでは、生徒たちが学校を卒業するとき、次に挙げたことが身についている状態を目指しています。

・価値観として――素直さと決断力、他者を思いやること。
・スキルとして――読み書きのスキル、数学的なスキル、科学的なスキル、芸術的なスキル、社会的なスキルを身につけること。

・強い自己肯定感をもち、成熟した自信をもつこと。
・他者への寛容と尊敬の心をもつこと。

私たちは、このヴィジョンを実現するために、学校や保護者、そしてコミュニティーに存在しているパートナーシップを大切にしています。

これらは、生徒が発達するうえにおいて重要な側面だといえますし、非常にすばらしいものに思えます。しかし、このヴィジョン・ステートメントの要点は何でしょうか？　学校のコミュニティーにとって、これらは何を意味するのでしょうか？

あなたの学校で「C.U.L.T.U.R.E.」を検討する際には、それが学校のヴィジョン・ステートメントによって支えられていることを確認してください。ヴィジョン・ステートメントは、学校コミュニティーにあわせたものであり、生徒の目標や共通の希望、そして夢を反映したものでなければなりません。

＊＊＊＊＊

学校のリーダーは学校文化を体現します。そのリーダーの言葉や行動は、学校の優先事項や懸念を表します。学校のリーダーが以下のような行動をしている場面を見かけたら、その学校文化の意味が理解できます。

・床に座って、一年生のグループと交流しながら笑顔を見せている。
・直接判断を下したり、状況のあらゆる面をコントロールしたりすることなく、教師が困難な状況でも前に進めるように助けている。
・不安に感じている保護者の声に耳を傾け、単純に反応したり、身構えたりすることなく、辛抱強く手助けをしている(15)。
・施策を実施するときには、学校関係者(16)の意見を考慮している。

学校のリーダーが学校コミュニティーに与える深い影響のなかに、学校文化の源があるのです。

(15) 求められているものは、「反応（react）」ではなく「対応（respond）」です。この点については生徒指導も同じです。『生徒指導をハックする』（ネイサン・メイナード、ブラッド・ワインスタイ／高見佐知、中井悠加、吉田新一郎訳、新評論、二〇二〇年、とくに第6章）を参照してください。
(16) 八ページの注（8）を参照してください。

ハック3

関係を構築する

意図的に関係をもとう

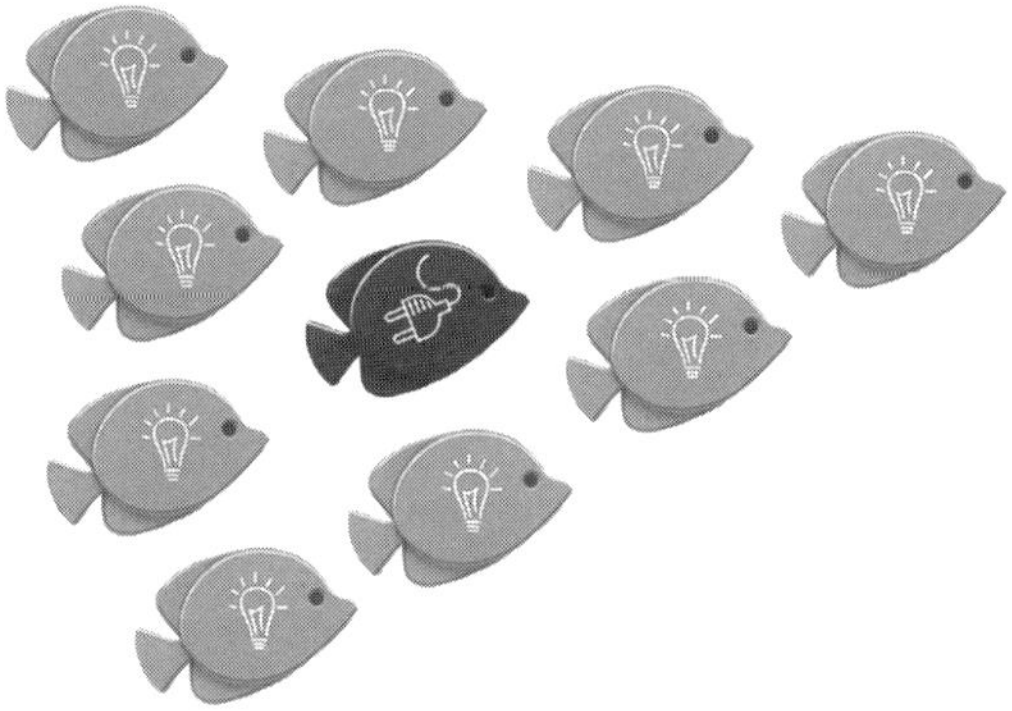

信頼は、人生における接着剤です。
効果的なコミュニケーションにおいては、
もっとも重要な要素です。
それは、すべての人間関係を支える基礎となる原則です。

（スティーブン・R・コヴィー［Stephen Richards Covey, 1932～2012］アメリカの作家・実業家）

問題――リーダーは、関係構築を意図的に行っていない

昔の西部劇は無秩序が当たり前で、評判の悪い町を舞台にしていました。法律はなく、人々が好き勝手に過ごしており、あらゆる場面でトラブルが起きていました。必然的に、新しい保安官が「混乱を解決しよう」という意図をもって颯爽《さっそう》と現れ、町を平和な状態にしたら次の町へと去っていきました。

校長のなかには、ジョン・ウェイン(1)のようなメンタリティーをもっている人もいるでしょう。そのような人たちは、自分こそが問題解決者であり、前任者が残した「混乱」を片づけ、みんなを正しい方向に向かわせることが仕事だ、と考えています。

新しくやって来た保安官は、時間をかけてじっくり立ち向かうことなく町を去ってしまいます。しかし、プラスの変化を維持しながら関係を構築するというのがリーダーシップの課題です。

実際、新しくやって来た保安官にとっては、新しいことをはじめるよりもそれを持続するほうが難しいのです。新しい声を聞くことによって引き起こされる興奮は教師にハネムーン効果(2)を誘発するので、「目新しい話」に心が動かされ、惹きつけられます。しかし、新しい方向に向かう推進力は、リーダーが信頼関係を確立していなければ持続しません。新しいリーダーとして、あなたは教師たちとは異なる意見をもっているかもしれませんが、それがよいものであるとはかぎらないのです。

健全な人間関係の基盤を確立することが、真の改善をもたらすための土台となります。真の改善とは、教師が維持していきたいと思うものであり、構築したいと願うものです。

いうまでもなく、学校における人間関係は重要です。あなたが新しいリーダーであろうと、数年前からのリーダーであろうと、教師との関係を再構築しようとしているベテランの管理職であろうと、人間関係の構築には意図的な努力が必要です。人間関係を築くことが学校全体における「文化の核」であるにもかかわらず、その築き方についてはほとんど議論されていません。

多くの人が「人間関係がすべての核である」と強調していますが、人間関係をつくったり、維持したりするための実践については明確に述べられていません。もし、あなたが子どものスポーツイベントに参加した経験があるなら、同

（１）（本名・Marion Robert Morrison、芸名 John Wayne, 1907～1979）アメリカの俳優兼映画プロデューサーです。西部劇を中心に活躍していました。

（２）新しい環境に身を置くことで、一時的に勢いが生みだされる状態です。

私たちは行動することによって学びますが、行動したことを振り返ればより多くのことが学べるのです。

じような場面に遭遇しているはずです。スポーツの試合において好ましくないパフォーマンスをした子どもに対して、熱心なスポーツ愛好家の親が伝えるアドバイスを聞いてみましょう。

「もっと頑張れ！」

　スポーツを苦手としている子どもは、どのようにしてこのアドバイスに従えばよいのでしょうか？　その子どもが直感的にそうしなくてはならないと感じていたとしても、また「もっと頑張る」とはどのような状態であるのかに気づいていたとしても、具体的なアドバイスがなければできるようにはなりません。

　教師として私たちは、この種の曖昧なフィードバックが無駄であると知っています。もし、足し算に苦戦している生徒がいたとしたら、「もっと頑張れ」とか「計算力を向上させなさい」などといったアドバイスはせず、できるようになるための具体的な練習方法を生徒に教えています。悲しいことに、効果的な学習設計と足場かけ[3]に関する専門的な知識があっても、大抵の場合、人間関係を構築する方法には反映されていません。

　関係を構築することは意図的な試みであるべきです。この試みが信頼性に根ざしたものであれば「ハック」は効果を発揮します。しかし、表面的であったり、不誠実であったりしたら、どのような知識であってもあなたを助けることはないでしょう。

ハック――関係を構築する

学校を前進させるうえでの確実な方法が一つあります。関係構築と学びにおいてあなたがモデルになることです。この二つの領域ですぐれていることは、あなたが学校のリーダーとして成功するためのカギとなります。学校関係者(4)との関係を育む能力は、リーダーが学校改善の勢いを生みだし、維持することを可能にします。関係を育むといっても、あなたの学校に何の負担もかけません。必要とされるのは「時間をかける」ことだけです。

未来の管理職を養成するための「リーダーシップ・プログラム」は、学校の管理運営面に多く

---

(3)（scaffolding）生徒が自分の経験を最大限いかせるように、学習に必要な枠組みを直接提供することです。建設現場の足場が櫃の作業を支援するように、教室での足場は生徒の学習を直接サポートします。日本では、この発想や学習の設計が一斉授業に傾斜しすぎているので、一人ひとりの生徒に対応する部分がまだ弱いです。『ようこそ、一人ひとりをいかす教室へ』（前掲）、『「おさるのジョージ」を教室で実現』（ウェンディ・L・オストロフ／池田匡史、吉田新一郎訳、新評論、二〇二〇年）などが参考になります。また、人間関係を構築する部分に関しては、『好奇心のパワー』（キャシー・タバナー＆カーステン・スィギンズ／吉田新一郎訳、新評論、二〇一七年）や、QRコードで紹介されている本が参考になります。

(4) 八ページの注（8）を参照してください。

の注意を向けたものとなっています。教育計画や人事、評価、予算の議論にのみ、多くの時間を費やしてきたのです。関係性の重要さについては強調されていますが、関係性を構築し、維持するための効果的な方法についての議論はほとんど進んでいないというのが現状です。(5)

私たちは、関係構築について二つの要素に焦点を当て、より体系的なアプローチを取ることを提案したいと思います。二つの要素とは、「つながること」と「振り返ること」です。

つながること

この章の「あなたが明日にでもできること」と「完全実施に向けての青写真」の節では、教師とつながるための具体的な方法をいくつか紹介しています。リアルタイム（対面で）の「つながり」とオンラインでの「つながり」、そのバランスをとるように努力してください。

もし、あなたが教師とつながろうと思って教室に行っているのであれば、彼らは授業を中断されてイライラするかもしれません。最終的には、なぜそんなに頻繁に来る必要があるのか、と疑問に思うことでしょう。一方、ポジティブなメモや電話、メールでの連絡だけでつながっている状態もあまり効果的とはいえません。なぜなら、距離を置いているような印象を与えてしまうからです。

振り返ること

私たちは行動して学ぶわけですが、その行動を振り返ればより多くのことが学べます(6)。人間関係を意図的に構築するというのは、それがどのように機能するのかについて意図的に振り返るということでもあります。

校長になった最初の年から数年間、私たちは校長室にジャーナルを置いていました。これは、日々の活動のなかで、学校のどこにいたのか、どこにいなかったのかを確認するというすばらしい方法となりました。

今では、一日の終わりにツイートをスクロールしてどこに行ったのかを確認していますし、その日の振り返りのためにＳＮＳを使用しています。教室で起きているすばらしい出来事を継続的に投稿することで、振り返りのプロセスが非常に容易になりました。

---

(5)　翻訳協力者から、「たしかに、管理運営に関する研修はありますが、コミュニケーションに関する内容は充実しているとは言い難いですね。個人のスキルに任されているような感じです」というコメントがありました。教育委員会などで研修を計画する人にもぜひ考えていただきたいところです。

(6)　振り返ることについては、アメリカの哲学者ジョン・デューイ（John Dewey, 1859～1952）まで遡れます。

あなたが明日にでもできること

グーグルを活用して学校の出来事を共有する

特定の校舎や教室を訪問する時間のリマインダーをカレンダーに設定します。さらに、グーグル・フォームを作成して、あなたの学校で起きているすばらしい出来事を共有しましょう。そうすれば、あなたの周囲で何が起こっているのか常に知れますし、教師が全力を尽くしている姿が見られるほか、教師の努力を適切に評価することもできます。また、教師は、生徒が学ぶためのすばらしい機会をつくりだすために同僚とつながることができます。

ポジティブなメモを書いてわたす

一日の初めに、教師二人にポジティブなメモを書きましょう。そのために校章が印刷されたカードの用意をおすすめしますが、どのようなカードでも問題はありません。そのカードにポジティブなメモを書けば、リーダーは前向きな心構えで一日をはじめることができます。

イリノイ州ディアフィールド教育委員会の副教育長であるジェフ・ズール氏は、「ポジティブな手書きのメモを書くと、双方の気分がよくなる」とよく言っています。双方とは、教師とリーダーのことです。[7]

ハッシュタグを見定める

学校や教育委員会のハッシュタグをＳＮＳで毎日確認すれば、ほかの教室で行われている内容が分かります。

ハッシュタグを確認するもっとも簡単な方法は、「IFTTT」[8]などの通知システムを設定して、ハッシュタグが使用されたらスマートフォンに通知が届くようにすることです。たとえば、ハッシュタグ「#gocrickets」がＳＮＳ上で共有されると「IFTTT」が校長に通知を送ります。これは、よい出来事にスポットライトを当てる場合にも役立ちますし、学校の名誉を毀損するような投稿が送られた場合に起こりうる問題を回避するときにも役立ちます。

（7）　翻訳協力者が、その実践状況を報告してくれました。「これに似たことを実践しています。一つは先生方のお誕生日にカードを書き、朝や昼休みなどに教員室で贈呈式します。カードは市販の絵葉書ですが、その先生のお好きな動物とか景色とかを調査して準備します。周りの先生が拍手したり、歌を歌ったりして、小さなお祝いムードになります。もう一つは、先生方からどんな小さな意見や質問でもメールなどで寄せていただき（キリスト教の学校ですと『祈りの課題』と呼んでいます）、それを覚えて、所々で声をかけて様子を聞いたり励ましたりしています。もちろん、メールも便利です」

（8）　さまざまなWebアプリを連携させるプラットフォームです。

ほかの人にも見てもらえるように、すばらしい教育実践をリツイートしたり、「お気に入り」に登録するようにしましょう。こうすれば、「教師がしている仕事は、世界に発信するほど価値のあるものだ」という評価を教師に与えることになります。

すべての約束を守る

あなたは、学校のリーダーとしてさまざまな場所を動き回っていることでしょう。教室や廊下で話す機会も多いと思います。それゆえ、話し合った内容を文書化しておく方法を用意しておき、忘れずにフォローアップをしなければなりません。

教師との約束を守れないことほど、信頼関係を破壊するものはありません。毎週のように「教室を訪ねる」と言っているのであれば、そうすべきです。もし、忙しくて教室が訪ねられないのであれば、教師や生徒とより多くのつながりがもてるように一日の流れを調整する必要がありま す。

教育委員会レベルの仕事や州レベルの仕事に取り組む姿しか認知されていないのであれば、あなたが「約束を大事にしている」と教師は感じないでしょう。学校コミュニティーのメンバーと連絡を取る機会をスケジューリングすることが、約束を守り続けるためのカギとなります。

週の初めか終わりに五人の保護者に電話をかけて、生徒のよいところを伝える

これにはいくつかの効果があります。第一に、日常の出来事を見る目が変わります。不幸なことに、現実ではリーダーがかかわっている活動の大半がネガティブな内容となっていますので、うまく学校運営がされていないという印象をもってしまいます。週の初めか終わりに保護者に電話をしようと心に決めておくだけで、あなたが学校内を歩いているときの見方も、心のもちょうも変わるでしょう。

第二に、あなたが校長室を出て、ポジティブな出来事や交流を求めていると示すことができます。教師たちの視界に入るというのは信頼されるためのカギであり、生徒や教師と一緒に過すことを約束すれば人間関係が形成されていきます。

最後に、親との最初のやり取りがポジティブなものであれば、家庭と学校の間にもポジティブなつながりが生まれ、長期にわたってあなたを助けてくれるでしょう。

問題の対象を適切に特定する

問題が発生したらすぐに対応しましょう。具体的には、数人の教師しか関係していないという問題の場合は、教師全員をひと括りにして話すのではなく、個別に対応するべきです。全員に対してやり方を変えるように指示してしまうと、裏目に出てしまいます。誰のことを言っているの

かみんな気づいていますし、全員を責めるのではなく関係する人だけが改めるべきだと思っているのです。

全員を対象にしたほうが問題に対処するうえでは妥当なやり方であると考えているリーダーもいますが、教師は、好ましくない行為をした人とひと括りにされると腹を立てますし、校長であるあなたには一対一で問題を解決するだけの力がないと思ってしまうかもしれません。

ほとんどの教師は間違いのない最高の仕事をしているわけですが、一部の教師がそうでない場合、仕事の価値を下げてしまうことになります。たとえば、学習指導案を集めている場合、三人の教師が提出していないときは、教師全員にリマインダーのメールを送るのではなく、その三人だけに提出を促してください。

教職員の家族にカードを送る

教職員という仕事は家族を非常に消耗させるものです。私たちはしばしば、一緒に働いている人たちがまったく別の人生を送っていることを忘れてしまいますが、みんなが幸せでいられるようにしなければなりません。

生徒や同僚、管理職とのやり取りのなかにおいて、大変な時間を過ごしている教職員を支えている人に対してどのくらいの頻度で感謝の言葉を伝えていますか？　時間をかけて、教職員の配偶者や子ども、そして両親に簡単な手紙を書いて郵送すれば、あなたが教職員とともにサポート体制を大切にしていると示せます。

配偶者や家族の反応には驚くべきものが見られます。教職員の家族からのお礼を聞くために、何度も足を止めました。手紙といっても簡単なものですが、その反応は非常にすばらしいものでした。このような小さな気遣いが信頼性の高い人間関係を築いていくのです。

完全実施に向けての青写真

ステップ1　新年度がはじまる前に勢いをつける

夏は、新学期に向けて勢いをつけるのに最適な時期です。(9) 六月の時点で「新年度に向けたお便り」を送りたくはありませんが、学校の再開が待ち遠しくなるようなアイディアを試してみてはどうでしょうか。

---

(9) アメリカは九月から学校がはじまるため、日本では春休みに相当します。しかし、その期間は短いため、日本での導入は夏休み中が望ましいかもしれません。

教師に電話をかける――新年度がはじまる日の前夜、教師に電話をかけます。特別なことを話すのではなく、どのような一年にしたいのかについて気軽に話してみてはどうでしょうか。学校を離れて夏休みを過ごしたあとに再会し、新たな年度に向けて準備をする際のすばらしい材料になります。

最初にこれをやったとき、保護者に電話をかけたときと同じような反応を教師が示しました。何か不都合なことでもあったのかと思って最初は口ごもっていましたが、三年目には、校長からの電話はまだ来ないのかと思われるほど浸透しました。

新年度にささやかなプレゼントを配る――誰でも、新しい学校のオリジナル・コスチュームが大好きです。一年が終わる前に、教師全員のTシャツのサイズを確認しておきます。そうすれば、学校に戻ってきたとき、みんなにささやかなプレゼントの用意ができます。

私たちは毎年、テーマを決めずに比較的普通のシャツをつくるようにしていますが、別の学校では、通年のヴィジョンに焦点をあわせたTシャツをつくって楽しんでいるところもあります。同じTシャツを着るというのは、スポーツの場合と同じく、同じ目標に向かって努力することを意味します。一人ひとりがグループの一員であると認識すれば帰属意識が生まれ、チームの全員が一丸となって活動するようになります。

ステップ2　年度初めの職員会議をやめる

私たちは悪いニュースを話すのが嫌いですし、開校日に校長が長々と話す様子を聞きたいと思っている教師はいません。このあと、一週間もしないうちに授業がはじまるわけですから、あなたが長々と話したとしても、教師は別のことを考えているものです。

校長のメッセージは、やる気を起こさせるような短いものにするべきです。あなたが教師と築く人間関係は、開校日に行う演説よりもはるかにすぐれたものです。あなたが教師に知ってほしい情報は、話す以外の方法で提供しましょう。たとえば次のような方法です。

・新年度のはじまりに、必要とされる情報がすべて入っているフォルダーを共有ドライブにつくります。そうすれば、教師は必要に応じて情報が得られます。

・緊急性はないが重要な情報である教育委員会の方針を紹介するために、一〇分間のビデオを作成します。こうすれば教師は自由に見られますし、年間を通して参照できます。

ステップ3　教師の頑張りを称える機会を探す

生徒や教師に、学校外の人たちとも学習成果物を共有するための許可を求めましょう。

職員会議の冒頭、必ず生徒のすぐれた取り組みを紹介するというのはどうでしょうか。教師と生徒が、学習成果や活動の発表ができる機会をつくるのです。大切にしている特定の活動に関するアイディアに興奮しながら立ち去るあなたの姿を見れば、教師は喜んであなたを教室に招待するでしょう。

その活動を覚えておけば、再び会話するときに具体的な話題が出せます。その活動をほかの教師に教えればその実践を認めるという意思表示となり、あなたがその教師を高く評価している証明ともなるでしょう。

さらに、地元のメディアに連絡して、教師の頑張っている姿を称えます。地元のメディアと積極的にかかわれば、あなたの学校は大きく報道されるようになります。新聞やニュースですべての活動が取り上げられるわけではありませんが、情報を提供しているという事実だけでも、学校・校長の見方、紹介の仕方といった面でよい影響を与えます。

ところで、「学校便り」は「時代遅れ」と言われるほど使えないものではありません。学校コミュニティーに所属している大多数の人は、必ずしも自分の子どもが通っていなくても、みんなつながりを望んでいることをふまえておいてください。

多くの人に情報を送る方法としてフェイスブックがありますが、学校コミュニティーのメンバーは、今なお四半期ごとにつくられる「学校便り」を見て楽しんでいます。「学校便り」は、各メンバーが子どもを育てていたときや、自分自身が在学していたときのことを思い出すきっかけとなります。また、それを同窓生に送れば全国に情報を広められますし、グローバルな影響力をもつことにもつながります。

ステップ4　教師が居心地よく感じる場所で会う

学校以外の場所でつながりをもつ方法を見つければ、教師とすばらしい関係が築けます。一九〇日に及ぶ学校生活では、一五〇〇時間以上も校舎で一緒に過ごすことになります。人数の規模が大きな学校では、教師はそれぞれのもち場で忙しく過ごしているため、お互いに接触する機会がほとんどないかもしれません。学校の外で話をする場があれば、教師は学校とは異なる場所でのつながりがもてますし、普段接することのない人たちと会う機会が得られます。

教師はそれぞれコンフォート・ゾーン(10)をもっていますので、学校以外の場所に集まることを想定して、候補となる場所を複数用意しておくようにしましょう。

(10)「快適な空間」を意味する、ストレスや不安がなく落ち着いた精神状態でいられるスペースや場所のことです。

> 廊下を歩くたびに、生徒の靴紐を結ぶことを手伝おうと屈むたびに、教室に入って教師と心のこもった会話をするたびに、学校文化が形成されていくのです。

教師にそれぞれの「好み」を尋ねましょう。放課後に地元のレストランに行くことが好きな人もいれば、学校の運動会に参加するのが好きという人もいるでしょう。また、食べ物を持ち寄って同僚の家でパーティーを開くということが好きな人もいます。人と人がつながる機会を多様にすれば、より多くの人と触れあえます。居心地がよいと感じる場所で教師に会うことは、学校を成長させるためのプロセスに全員が参加できるというすばらしい方法となります。

ステップ5 大きなイベントを組み込む

生徒や教師の功績を称えるイベントが世界中で数多く開催されています。これらのイベントに参加して、あなたの学校が引き立つようにしましょう。

登校一〇〇日目に一〇〇人に電話を——ある小学校の校長のアドバイスを参考にして、登校一〇〇日目に一〇〇人の保護者に電話をかけてみましょう。その日になる前にグーグル・フォームを教師に送り、最近の活動において生徒が笑顔になった話などを具体的に教えてもらいましょう。

グーグル・フォームを通して、教師や生徒の名前、そして生徒が笑顔になるために何をしたのかについて簡単に尋ねることができます。このような情報を保護者と共有すれば、あなたと保護者が結びつくだけでなく、生徒のすばらしい何かを教師が発見したと強調することができます。

休暇をプレゼントする――冬休み前の週、イリノイ州ディアフィールドの教育委員会では、くじ引きで当たった人に何日分かの休暇をプレゼントしています。教育委員会の職員がその日の授業または指定された範囲を埋めあわせている間、教師は休暇が取れるのです。このような方法で、教育委員会は費用をかけずに教師の士気を高めています。休暇というプレゼントは、ほかの教育委員会でも採用しはじめています。

ステップ６　小さなイベントを活用する

人間関係は、あらゆるやり取りのなかにおいて構築されます。もし、人間関係が崩壊したとき、多くの人は「適切な関係を構築するだけの十分な時間がなかった」と言い訳をします。親友と一緒にいるときなどに、次のようなことをしてみてください。

彼／彼女から六〇センチくらい空けて座り、ひと言も言わずに三〇秒間お互いを見つめます。正直なところ、時間が止まったと思うでしょう。

三〇秒あれば、教師と一緒に教室に足を踏み入れることができます。私たちが取るべき方法として、「三〇秒しかない」のではなくて「三〇秒もある」ということです。年間を通して教師との信頼関係を高め、さまざまな可能性を生む小さなイベントによって人間関係は構築できるのです。ここでは、その例をいくつか紹介します。

教師の代わりに教室に入る——必要性があるとき（ないときでも）、授業を埋めあわせする人になります。「みなさん、こんにちは！　今朝は校内を歩き回っています。もし、一五分だけ休憩が必要なら、知らせてくれればすぐに駆けつけますよ！」というメールを送れば、大きな反応が返ってくるでしょう。依頼の時間がすべて予約され、その旨のメールを送信したあと、すぐに行動を起こします。(11)

生徒全員を引き受ける——これは間違いではなく、言葉どおりです。定期的に生徒全員の世話を引き受けて、教師たちが計画を立てる時間を確保しましょう。生徒をチームビルディングゲームに参加させたり、全校集会を開いたりすることもできます。大規模な学校の場合は、小さなグループに分けて、管理職などのメンバーにもグループを割り当てるようにします。教師たちは、あなたの努力に心から感謝するはずです。

教師を驚かせる——雪の降る地域に住んでいるのであれば、車が雪に覆われた日にはほかの管理職と一緒に駐車場に出て、フロントガラスやライトをブラッシングしましょう。放課後、このサプライズに教師は大喜びするはずです。

ステップ7 自分の成長を「見える化」する

人の成長にフィードバックは欠かせないものです。すぐれたリーダーは、公私を問わず本物[12]のフィードバックを教師に提供しています。それだけでなく、教職員から管理職に対してのフィードバックがもらえるように依頼しましょう。これは、あなたが学び続けるリーダーであると示すことにもつながります。

このプロセスを「見える化」すれば、教師との信頼関係を築くことができます。以下に挙げるヒントを実践すれば、フィードバックの壁は打ち破れるでしょう。

・グーグル・フォームを使用します。項目は簡潔にしましょう。年度途中と年度末の二回に分けて、アンケートの実施をおすすめします。どちらも教師にとっては忙しい時期なので、質問項目を短くするようにしましょう。

・グーグル・フォームが完成し、データが収集されたら、うまくいっている活動を二つ見つけてください。学校を成長させるための勢いを維持するために、それぞれについて「二段構え

(11)　翻訳協力者から、「校長先生と話してみたい生徒は意外に多いです。単なるおしゃべりや質問、および簡単な要望ができる時間や雰囲気があったらいいなと感じています」というコメントがありました。校長は、生徒の目にちゃんと見える存在であるべきだと思います。

(12)　五ページの注（5）を参照してください。

の計画[13]」を立ててください。また、うまくいっていない活動を一つ見つけて、その分野を改善するためにも二段構えの計画を立ててください。

・データと計画を教師のラウンジに掲示すると同時に、すべての教師に送付します。これにはかなりの批判が出るかもしれませんが、それだけの価値が十分にあります。教師は、あなたがニーズに対応しているという事実を尊重しますし、リーダーシップ能力に関する具体的な事例に取り組んでいる様子を知ることになります。

課題を乗り越える

組織レベルで能力を拡大するための時間をつくることは、学校改革を推進し、抵抗する教師に対峙するうえにおいて最良の方法となり[14]ます。組織のなかでどのような役割を果たす人がいるのかを確認すれば、オピニオン・リーダーの声を増幅させることができます。

課題1　人間関係を強制することはできません。

そのとおりです。あなたが過去につながっていた人のことを考えてみてください。私たちは、考え方や懸念に関して共有しようとする傾向がありますので、あなたはほぼ間違いなくその人と共通の関心事をもっているはずです。

これは学校でも同じです。教師は自分と親和性のある人とはつながり、そうでない人とは離れていきます。組織的に人間関係をつくるといっても、それは教師全員と親友になることを目的としているわけではありません。むしろ、共通の関心事を中心とした会話をはじめるための人間関係だといえます。それは、好ましい職場環境にしたいということにほかなりません。

課題2　全員に対して同じようにしてしまうと、本物の人間関係とは思えなくなります。

仲良くなれる度合いは、教師によってそれぞれ異なります。息子や娘の年齢が同じだったり、同じ大学に通っていたり、同じプロスポーツチームを応援していたりすればその度合いは高くなるでしょう。一方、ほかの教師との関係においてそのようなつながりを見つけるには、少し意図的な努力を必要とするかもしれません。意図的であるからといって「不誠実である」ということではありません。ここでのハックは、教師にどのような傾向があるのかを理解して、学校コミュニティーのメンバーとのつながりを見つけることを目的としています。

(13)　①軸となる当初の計画と、②その計画を実行した際に起こるトラブルへの対処法からなる計画のことです。
(14)　集団の意見を形成していくうえにおいて方向づけを行う、影響力をもった人のことです。

課題3 上司としての役割だけで十分です。余計なことをする必要はありません。

一つだけはっきりさせておきましょう。あなたの学校の中には、あなたからの助言に対して快く思っていない人がいるでしょう。多くの場合、あなたの助言が彼らの思う方向に沿っていないからです。それは、彼らがやり方を変更したくなかったり、現状に居心地のよさを感じていたり、単にあなたとつながっていなかったりすることが理由かもしれません。

難しいとは思いますが、私たちは目的をもって人間関係を築くことを推奨しています。自分と同じ考えをもっていない人とつながる機会が多ければ多いほど、プロとして、きちんと話ができる可能性が高くなります。

口うるさい人もいるでしょうが、個人的に話すことは、否定的な人に対処するためのすばらしい方法といえます。彼らは、反対しているという事実をほかの同僚にも知ってもらいたいと思っていますので、職員室において、学校内で起こっていることについて同僚と会話をはじめます。それだけに、彼らに近づいて、彼らの居場所で会うことには価値があるのです。

彼らは、あなたのリーダーシップについて懸念をもっているかもしれません。その懸念を共有している人もいるかもしれませんし、なかにはあまり話したがらない人もいて、うまく聞きだせないかもしれません。そのことだけは踏まえておいてください。

実際にハックが行われている事例

ジミー・カサス先生は、アイオワ州ベッテンドルフにあるベッテンドルフ高校の校長です。二〇一二年にアイオワ州最優秀校長賞を受賞したほか、二〇一三年の全米最優秀校長賞においては最終選考に残った三人のうちの一人です。カサス校長は人間関係の重要性を熟知しており、学校内においてそのことを日常的に強調しています。

ちなみに、ベッテンドルフ高校は、全校生徒があらゆる分野において高い基準を守ることに責任をもつ、卓越した文化モデルのもとで運営されています。だからといって、カサス校長の学校に問題がないわけではありません。

教師が苦戦している状況が発生した場合、彼は教師がいるところまで会いに行き、学校文化に貢献している点を見つけて称賛しています。そして、教師に、学校コミュニティーのほかのメンバーを助けるために、得意分野において何か手助けをしてほしいと依頼し、約束してもらっています。これは、教師との信頼度を高めるだけでなく、リーダーとしてのカサス校長への信頼感を高めることにもつながっています。

彼は学校内の多くの人々とこのような関係を築いてきたので、問題を抱えた教師が現れても、すぐに助けられる人を確保しています。カサス校長は、それぞれの得意分野ですぐれた仕事をしている教師と協力し、問題を抱えた教師のニーズに対応しています。

ある分野の専門家であっても、別の分野では苦労している教師が多いものです。このような場合でも、ほかの人とつながりをもてば、ともに学び、成長することができるのです。

＊＊＊＊＊

人間関係の構築には時間がかかり、ほとんど進んでいないと感じる日もあるでしょう。学校での日常業務をはじめとしてさまざまな業務に追われていると、それに費やすだけの時間はないと思うかもしれません。しかし、人間関係は少しずつ構築していくものだということを理解していれば、取り組みやすくなります。

教師とのやり取りの一つ一つが学校文化を形成していくのです。廊下を歩くたびに、生徒の靴紐を結ぶのを手伝おうと屈むたびに、教室に入って教師と心のこもった会話をするたびに、学校文化が形成されていきます。リーダーシップを発揮することは学習環境に大きな影響を与えます。そうすることで、仕事のあらゆる側面において、関係の構築と学びに関するすぐれたモデルが見いだせるでしょう。

ハック4

学校の壁を取り払う

コミュニティーとパートナーになろう

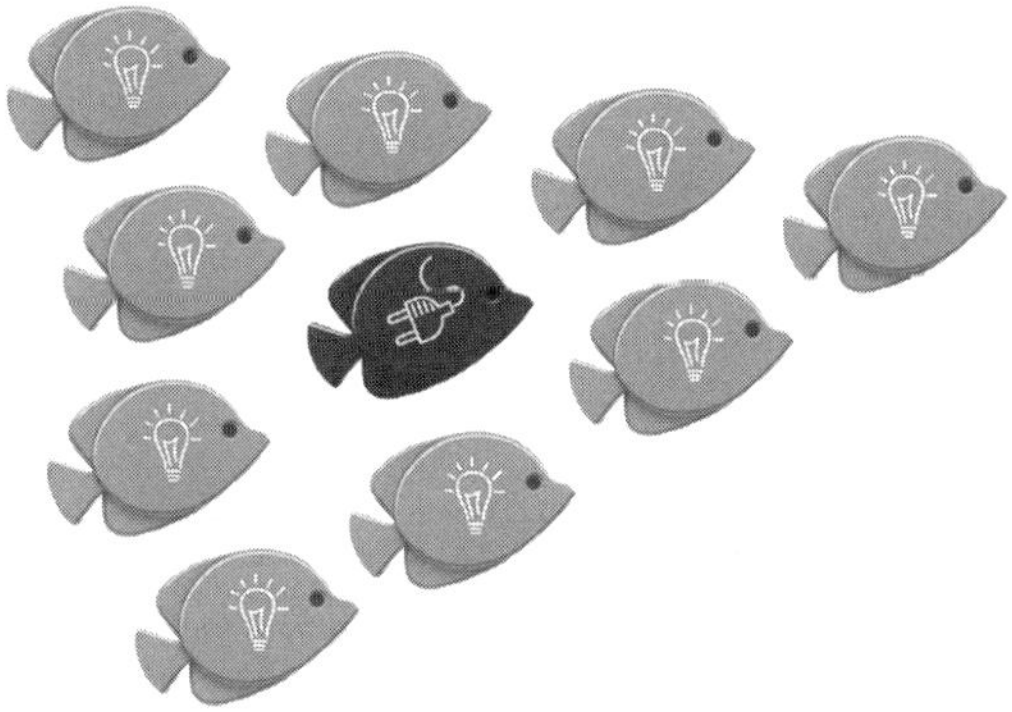

今、世の中にアイディアをもたらす一番の方法はストーリーテリング*である。

（ロバート・マカフィー・ブラウン［Robert McAfee Brown, 1920～2001］神学者・公民権活動家）

［*ストーリーテリングとは、印象的な体験談や寓話、たとえ話などを語ることを通して自分の思いや考えを伝えることです。ビジネスのプレゼンテーションでもこのような手法が有効だとされています。］

問題――知識がなければ人は自分のなかから「真実」をつくろうとしてしまう

サンフェリポ副教育長のストーリー

小学一年生のころは、毎日、近所の幼なじみが私を学校に連れていってくれました。三年生から六年生の、すてきなグループでした。一緒に歩いて登校し、私は安心して校庭で遊ぶことができました。そして、学校での一日が終わると家まで送ってくれました。

学校にいる間、私が目にしたのは先生と生徒のやり取りだけで、ほかの誰も姿を見ることはありませんでした。両親が学校に来るのは、私の具合が悪くて早退するとき、保護者面談のとき、私が悪さをして校長室に呼ばれ、その処分を聞くときくらいでした。

幸い、そういうことはほとんどありませんでした。普段、私は平均的によい子どもでいたので、両親が学校に呼ばれるようなことはあまりありませんでした。両親と学校とのつながりは、一年に三～五回ほどでした。

このような家庭との距離感は多くの学校で当たり前となっていますが、それが理由で、家族と教師の関係が当たり障りのない状態になっているともいえます。親は子どもを学校に「置いて」きて、一日の終わりには「拾って帰ってくる」ものと思っているのです。子どもには、学校でよい経験をしてほしいと願うものの、実際に何が起こっているのか知らないのです。

自分の子どもが通う学校に対する印象は、自らの学校経験をもとに形成されたものとなります。親が学校について考えるとき、必然的に自分の生徒時代を思い出すわけですが、それは必ずしもポジティブなものではありません。こうした親は、前向きな側面よりも学校での嫌な経験や腹立たしいことをたくさん思い出すでしょう。ですから、もし親や地域の力を借りてそんな物語を変えたいと願うならば、そのための方法を提供することが学校の責務となります。

率直で透明性の高い教師は、生徒や保護者、さらに同僚を夢中にさせるものです。それは、彼らがパワフルな語り手であるからです。その中身がリアルであればあるほど（インパクトのある語りは、行動と一致する必要があることをお忘れなく）、人々から共感を得られます。なぜなら、そのような考え方は常にぶれることがなく、誰の目にも明らかだからです。

そうした教師のメッセージは、「生徒のため」を第一として、譲ることのな

学校の壁を取り払えばコミュニケーションを妨げるものがなくなり、誰もが学校コミュニティーの一員であると感じます。

い確固たる信念に裏づけられています。ですから、透明性が信頼関係をつくりだす、といえるのです。生徒、保護者、同僚は、あなたがしていることとその理由、そしてそれが生徒にとって最善であると分かりさえすれば、きっとあなたを信頼するでしょう。

コミュニティーと信頼関係を築いている教師は多くのサポーターを抱えている状態となり、それはまさに「宝の山」と呼べます。そうした人たちのサポートの積み重ねが変化を起こし、新しいことに挑戦し、学校のストーリーを語る土台となるのです。コミュニティーの中核に信頼関係があれば、ほかではできないようなことであっても教師はリスクを取りに行けるのです。

ツイッター、インスタグラム、フェイスブックのようなツールは私たちがストーリーを語り、学校をブランド化[1]するうえで大きな可能性をもっています。テクノロジーの力を借りれば、学校の物語は壁を超えてコミュニティーの内外で健全な関係を加速度的に広めるでしょう[2]。

また、夢中になって活動に取り組む生徒や教師の写真があれば、それを見た人を夢中にさせ、学校や教師を単なる情報源から語り手へと変化させてくれます。私たちの語りが学校コミュニティーを形づくり、それが次には学校に関するストーリーを生みだすことにつながり、ますます健全な関係が築かれるでしょう。

透明性は信頼につながり、それがサポートしてくれる人たちとの関係における土台となり、変革をもたらします。それゆえ私たちは、仲間の教師に対して高い透明性を求めているのです。

ハック——学校の壁を取り払う

いつでも誰でも情報を入手できるこの時代だからこそ、学校の硬い壁を取り壊し、生徒のためにお互いをサポートする方向へと舵を切っていきましょう。学校の壁を取り払うというのはコミュニケーションの障害物をなくすことであり、誰もが学校コミュニティーの一員であると感じられるようにすることです。コミュニティーの人たち、生徒、家庭、教師のすべてが包含《ほうがん》される「学校文化」をつくりあげましょう。

まずは学校の壁を取り払い、境界線を越えることからはじめて、コミュニティーの誰もが学校での学びにつなげられるようにしましょう。学校を、「守るべき城」ではなく「協働の場」へと

---

(1) 一九ページの注(9)を参照してください。

(2) 翻訳協力者から、「学校がブランド化していくと、学校内外の人々が『この学校は、次にどんな面白いことをするのだろう?』と思うようになり、学校の様子を追いかけるようになりますね。見えないサポーターができていくイメージですね」というコメントが寄せられました。

変えるのです。これには、ただ実践を変えるだけでなく、哲学を変える必要があります。ですから教師は、挑戦というよりも、むしろ協働して学校文化をつくりあげるチャンスと捉えて、生徒や保護者と接していくべきでしょう[3]。

あなたが明日にでもできること

学校関係者[4]のインターネット環境を分析する

　家庭のインターネット環境を調査します。まずは、すべての人に調査が行きわたるように、電子媒体と紙媒体のお知らせを送ります。これで、素早くインターネット環境が分かります。最近の傾向では、大人はフェイスブックで、生徒はインスタグラムで、さらに、両者ともツイッター上で見つけられるでしょう。おそらく、この三つ[5]がポイントとなるでしょう。あなたが使うツールを決める際には、学校独自のハンドルネームをよく考えてから決めましょう。

カレンダーをつくる

❶ツイッターやフェイスブックに投稿したくなるような、学校におけるすばらしい出来事を思い

つくかぎりリストアップします。おそらく、一五〜二〇くらいはすぐに出せるでしょう。
❷グーグル・カレンダーのようなアプリで、投稿する予定日にリスト項目を入れていきます。
❸出勤してカレンダーアプリを開けば記事のネタがすでに書かれているので、簡単に投稿できます。

学校の校庭で遊んでいる生徒の様子、すてきなランチルームの風景、新しい学びの様子やグループワークの様子など、すばらしい出来事を投稿するリマインダーをカレンダーと連動させておきましょう。

ハッシュタグの効果をいかす

ツイッターのハッシュタグは、ツイッターだけでなく、その他のメディアを通して語られる学校の物語に多くの人を引き込める強力なツールだといえます。ハッシュタグを用いれば、生徒も

（３）日本では、岸裕司さんたちの木更津市秋津での三〇年近くにわたる実践（本も出ています）や学社融合の動きがありますが、コミュニティー・スクール関連では、まだ目を見張るような事例を聞いたことはありません。
（４）八ページの注（８）を参照してください。
（５）インターネット上のペンネームのようなものです。

教師も自分の言葉で簡単に声を発することができます。個人アカウントをもち、ハッシュタグを使っている人なら、数語入力してフィルターをかけるだけで学校に関するさまざまなアイディアを一つの物語としてまとめられます。

サンフェリポ副教育長がフォール・クリーク教育委員会（ウィスコンシン州）に着任して地域の博物館を訪れたとき、キャンペーンで使えそうな歴史的なものを目にしました。そして、「クリケット(6)に行こう！」という言葉を使ってコミュニティーづくりに取り込むことにしました。すぐさま、「#クリケットに行こう！」はフォール・クリークのクリケットにまつわる日々をアップするものとなりました。今では、このハッシュタグは学校のホームページのストリーミングにつながっており、幼稚園から高校までの日々を大画面で流しています。学校にいる誰もが、日々起こっているすてきな出来事が見られるのです。ハッシュタグがそのカギとなっています。

完全実施に向けての青写真

ステップ1　使いやすいようにツール同士をつなげる

SNSでつながることについて管理職が避けている理由は、たくさんの仕事を抱えているところに、さらに仕事が上乗せされるのかという危惧です。しかし、効率さえよくすれば仕事は軽くなると思います。

複数のSNSをつなげる機能を使えば、簡単にマルチポストができます。フェイスブック、ツイッターは相互にリンクする機能がついていますから、ツイッターに投稿さえすればいつでもフェイスブックにアップされます。また、そのほかのサービス（アプリ、システム、機能など）を利用しても自動的にアップされるでしょう。

こうしたツールによって操作一つで複数のシステムにつながりますから、あなたはどこからでも投稿できるというわけです。(7)

(6)　フォール・クリークでは、イギリスおよび大英帝国の国々で盛んに行われているクリケットをしているようです。この言葉をハッシュタグにすれば、閲覧してくれる可能性が高まったのでしょう。

(7)　翻訳協力者から、「学校のホームページをフェイスブックやツイッターに置き換えると、それらを利用している保護者のタイムラインに伝えたい情報を届けることができますね。投稿の仕方も簡単で、どんな教員も利用できると思います」というコメントがありました。現在、多くの学校ではホームページの担当教員だけが、管理職の許可をとったうえで記事をアップしていると思います。誤りや不適切な記事は避けられますが、その分、多様性や即時性が失われます。管理職や教育委員会にかかわっている方は、この「ハック4」を読んだうえで、ホームページやSNSの利用について考えていただければ幸いです。

ステップ2 コミュニケーションの目標を設定する

SNSが停滞してしまえば、せっかくあなたが考えたストーリーも止まってしまいます。コミュニケーションが過剰か不足かを判断するのは難しく、そのバランスはコミュニティー次第といえます。フォール・クリーク教育委員会が各学校に示している目標は、スポーツ以外の活動については週に最低七回投稿すること、となっています。

ステップ3 流れを計画する

SNSの開設はすてきなことです！　ハンドルネームを決め、ハッシュタグをつけたら、文章の入力をはじめましょう。まずは、お知らせすべきリストのメンバーにメールを送って、これから使用する新しいSNSの開設を知らせましょう。あなたがSNSを使う目的を正確に示すとともに、禁止する事柄もみんなに知らせるようにします。

SNSは双方向ですので、家庭や教師からの情報やお祝いのメッセージなどがあるといいでしょう。また、ここに載せるメッセージや情報は活動や仕事を祝福するものであって、ネガティブなメッセージは載せないことを強調しておきましょう。

さあ、スタートのときです。人々を巻き込む最良の方法は素早く成功させることです。考え方としては、「すてきなストーリーを語り、感情に訴え、畳みかける」といった感じです。あなたの学校において一番すばらしいこと、さらに教師と生徒の両方にかかわるものを探してください。投稿する記事の形式に関しては、第一印象が読み手の感情に訴えるということを心得たうえで考えてください。

「うちの生徒が協働しています。すばらしいです！」と投稿するのもいいですが、その様子を写した写真を一緒に投稿すればコミュニティーからさらに強い反応が返ってくるでしょう。(8)

イベントを大事にしてください。地域のメディアに投げ込みをして何が起こっているのかを知らせ、さらにリアルタイムでSNSにも投稿しましょう。イベントが終わったら、みんなで共有したいイベントに関するストーリーをメーリングリストのすべてに送りましょう。こうした取り組みは、想像以上に遠くまで届きます。

ステップ4　勢いを持続させる

さて、あなたの書き込みを見てくれる人ができたら、次はその状態を維持しましょう。最初の

(8)　翻訳協力者から次のようなコメントがありました。「入学前の生徒や保護者，卒業生たちも学校の様子をチェックすることができますね。魅力ある学校になっていくと，卒業生たちも誇りに思うでしょうね。それがいずれコミュニティーにつながるのだと思います。日本では，生徒が在籍している間でなければなかなか学校の様子を知ることができません」

段階では多くの人が注目するでしょう。あなたの投稿を楽しんでいる層を分析して、その特徴やニーズにこたえるようにすれば、その注目度は維持できます。

ＳＮＳを活用する利点の一つとして、家庭での会話を変えるという面があります。親が子どもに「今日学校で何かあった？」と尋ねる代わりに学校で実際に起こった出来事を話題にできるため、お決まりとなっている「別に……」という返答よりも実のある言葉が返ってくるでしょう。

情報が親をエンパワーし、それによって親はより多くの情報を欲しがるようになります。求められる情報を継続的に提供できれば、あなたのＳＮＳは勢いを持続するはずです。親にメッセージを届ける方法には以下のようなものがあります。

・親がＳＮＳのアカウントをもっていない場合でも、インターネット環境はあるでしょう。学校のホームページであなたのツイッターやフェイスブックの投稿内容を流していけば、親は学校でのすてきな出来事を見つけます。

・時には、その日のＳＮＳのアカウント権限を生徒に与えて、そのことを親に知らせておきましょう。依然として口コミはとても強力ですから、子どもが学校のＳＮＳに投稿していることを知れば、きっと周りの誰かに話すはずです。これは閲覧の動機にもなりますし、親が見ているかもしれないと生徒に知らせることにもなりますので、軽はずみな投稿を生徒がしなくなります。

・参加型イベントでさらに勢いをつけましょう。アメフトの試合やコンサート会場であなたを見つけて、学校のヴィジョンを言えた先着五人にオリジナルTシャツをプレゼントする、といった情報を公開するというのはどうでしょうか。または、校内のどこかに貼られてある学校のマスコット・シールを写真に撮って投稿し、それがどこにあったのかをフェイスブック、ツイッター、インスタグラムに投稿した生徒には「一〇ドルの商品券とTシャツをプレゼントする」というのはいかがですか。このようなコンテストによってあなたのSNSは活気づき、学校に関する会話が継続していくはずです(9)。

課題を乗り越える

学校を世界に開いていこうとするときに立ちはだかる「壁」、それは悪用されるといった恐れに根差したものです。学校のSNSにネガティブなものが表れるという可能性は確かにあります

(9)　日本の教育環境では、こうした金銭や賞品がかかわるイベントは敬遠されるでしょうが、アイディアと柔軟性次第では何らかのユニークな特典がつけられると思います。

し、間違いなく恐ろしいものです。リーダーとして、このような恐れについて次の三者に伝えておく必要があります。教職員、保護者、そして学校の監督者です[10]。よって、この三者に向けてSNSを使うことの可能性を示す必要があります。そして、プラス面を強調し、次のような課題を乗り越えていきましょう。

課題1　ただでさえ仕事が多いのにさらに上乗せをするのか、と教師が不平を言うかもしれません。

学校関係者への情報提供が、教師の仕事に上乗せされるものと考えてはいけません。むしろ、それこそが一日の仕事のうちで時間を捻出すべき最優先事項なのです。親やコミュニティーのメンバーとやり取りをするというのは、学校や地域の成長にとっては根源的なことです。その人たちに、味方になってもらわなくてはならないからです。

そして、教師との会話においては、SNSの利用について賛同を得ることよりも、みんなが参加すれば勢いが出る、といったほうに気持ちを向けましょう。学校で起こっているすばらしい出来事について話せる人が多ければ多いほど、私たち全員がより良い方向へ向かえるのです[11]。

あなたの周りの人が参加していなければ、誰もSNSによる情報発信をリードすることはできません。保護者や教育委員会に先駆けて、まずは学校の教職員と一緒になってはじめましょう。

課題２　これを教育委員会に認めてもらうのは無理です。

実行する価値があると証明できるだけのエビデンス、つまり不測の事態にも対処できるような計画をもって教育委員会に向かいましょう。教育委員会は、あなたの言動に対して責任があります。うまくいかなかったときには、その原因や対処方針などを誰かに回答しなくてはなりません。

また、教育委員会は、メンバーのなかで異論のある人々に向けて決定を正当化する必要があります。ですから、教育委員会は、こうした新しい方向性が地域の人々にどのような利益をもたらすのかについて事前に知っておく必要があります。学校内のスタッフによるサポートという土台があれば、教育委員会も支持してくれる可能性が高まります。

実際にハックが行われている事例

二〇一一年、フォール・クリーク教育委員会でフェイスブックとツイッターを公開しました。

---

(10)　学校の監督者は、日本の公立学校でいえば教育委員会に当たります。

(11)　翻訳協力者が、「味方、学校の応援団を増やしていくということですね。ＳＮＳを使うことのメリットを大いに強調していきたいです」というコメントを寄せてくれました。

開設に先立って、教育委員会の地域内において、どのＳＮＳがもっとも使用されているのかについて調査しました。そして、生徒の肖像権と個人情報についての規定、および教職員がページを作成するにあたっての規定を示しました。そのうえで各学校のＳＮＳ管理者チームは、新学期の一週目、地元メディアが取材したくなるようなイベントを企画しました。

フォール・クリーク教育委員会でスタッフ会議をしている間、ＳＮＳ管理者チームは赤い絨毯をその部屋の外に敷き、その両脇に進入禁止ロープを張って、隠れるように三〇人の子どもたちを待機させました。会議を終えたメンバーへのサプライズとして、三〇人の生徒が歓声を上げ、写真を撮り、サインを求めるために殺到したのです。まるで、オスカーの受賞式さながらでした（ウィスコンシン州の一つの町フォール・クリークだけではありませんが）。

テレビの地方局がこのイベントを放送したのですが、フェイスブックのページがばっちり目立つように映っていました。一日のうちに数千もの「いいね」、そして共有があり、ＣＮＮのサイトである「今日のベスト」にその話が掲載されたほどです。すばらしいストーリー、感動、演出によって、ＳＮＳの開設はこのうえなく成功したといえます。

学校の部活動によってもたらされる感動は、さらに閲覧者の心を熱くさせてくれるものです。二〇一三年の春、フォール・クリーク教育委員会の学校を卒業したデイブ・ストラスバーグという人物は、サンフェリポ副教育長に対して、「同校のスポーツに関する作品を自分のサイトに掲載してもいいですか？」ともちかけました。彼は、一九一七年からフォール・クリークで行われたスポーツの名場面を撮った写真、音声、映像を保管していたのです。州のバスケットボール選手権の映像、学校の記録、コーチや選手へのインタビュー、すべてがフォール・クリークの誇りを声高に物語るものでした。

デイブは地域の公務員ではありません。そのため、デイブが広めたいと考えるメッセージを管理・運営したいと主張するのは、決して簡単なことではありませんでした。サンフェリポ副教育長はフォール・クリーク教育委員会に赴任したばかりで、デイブのことは場内アナウンサーとして知っていましたが、それだけでした。

骨董品のような、処分間際だったデイブ所有の記録の数々について話したあと、二人は過去八〇年間の偉大な出来事について、「記念館」ともいえるようなページを学校のフェイスブック上につくろうと決めました。そして、教育委員会のウェブサイトのページにリンクできる制限について話し合ったあと、このプロジェクトは完全にデイブの管理下となりました。

こうして、教育委員会のフェイスブックにおける二〇一三年のページから、フォール・クリーク地域のスポーツすべてにアクセスできるようになりました。教育委員会のスポーツ史に関するページには、過去の物語と最新情報、過去・現在・未来のクリケットのスコアが継続して書き込まれています。高校スポーツ、中学校スポーツ、試合、コーチなどにスポットが当てられており、フォール・クリーク地域の偉大な歴史を祝福するものとなっています。

保護者を学校のSNSの管理者に加えたことで、デイブはクラウドを介した情報提供を受けています。みんなが掲載の可否について理解しており、フェイスブックを通じて学校のストーリーを語るというすばらしい役割を果たしています。ちなみに、このページは、同教育委員会のページと同じくらい「いいね」をもらっています。デイブとボランティアの保護者はクリケットの意義を理解しており、コミュニティーの誇りを活用してすばらしい仕事をやってのけたのです。

＊＊＊＊

学校のストーリーを語るのは学校文化をつくることにつながり、学校コミュニティーのメンバーとしての一体感をすべての人にもたせてくれます。(12) リーダーが語り手になること、そして学校の成功を祝おうと決めたときに初めて、学校はルールで縛られた訓練をするだけの場所という保護者の認識が改まり、楽しむべき学習コミュニティーへと転換するのです。学校の壁を取り払えば、あなたの学校とコミュニティーが変わるはずです。

---

(12) 翻訳協力者がこの「ハック4」を読んで、次のような感想を寄せてくれました。「今いる生徒の様子だけではなく、学校の歴史や独自性を発信することなのでしょうね。そのために、教師自身が自分たちの働く学校のよさを見つけていかなければなりません。自分の勤務校のすぐれた点……見つけられる教員は少ないかもしれません」

ハック5

生徒の声を拡散する

声を見える化し、周囲の人の支持を高めよう

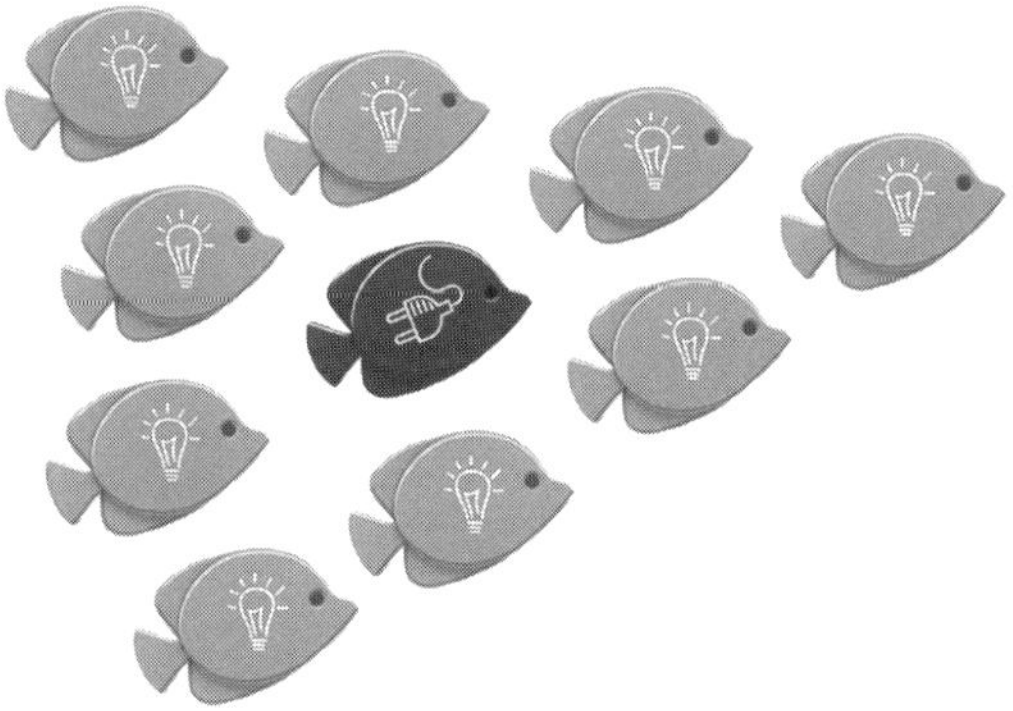

透明性の欠如が、不信と不安を招く。

（テンジン・ギャツォ［ダライ・ラマ14世］）

問題――学校は後手後手になりがちである

学校リーダーは、決定事項を守り通すために多くの時間を費やしています。たとえば、「どこに予算をつけるのか?」、「なぜ、そのカリキュラムを実施するのか?」、「学校のランチはどうする?」などです。教育行政に携わっている人たちは、学校で重要とされている事柄として、ランチ、生徒の送迎、スポーツなどを挙げています[1]。これらについて関心を寄せずにはいられません。教育委員会は、生徒に対する教育のあり方よりも、これらの事柄について話し合うことが多いのです。

それ自体に不満を示せますが、この三つに対する関心を利用して家庭とつながり、ほかの事柄にいかすこともできます。学校教育のあらゆる面において「前向き」になるというのは当たり前ですが、コミュニティーの関心事に取り組むことによって人々をよい方向に導きましょう。

保護者は、学校や教室で起こっているすべてを知りたがっています。学校の出来事はすべて教師の責任であり、学校外の出来事はすべて家庭の責任である

> 学びに夢中になっている生徒の声には、かかわる人すべてを変える力がある。

とするならば、学校は依然として高い壁を備えた城となりますし、生徒の教育にとっては逆効果となります。教師と保護者が「パートナー」になればコミュニティーは変わるのです。パートナーが存在する学校は、透明性が高く、信頼に根ざしています。また、家庭と学校の協働こそが成功のカギとなります。そのような空間では、誰もが学校コミュニティーにおける学習経験や文化への貢献者となり、参加者として認められることになります。

ハック——生徒の声を活用して拡散する

取り入れるべき考え方は、ストーリーの力を使って擬似的なコミュニティーを生みだすというものです。テレビは、その最たるものといえるでしょう。

テレビという媒体は、(2)誰かとつながりたいという私たちの欲求を満たす術《すべ》を知っています。二〇一六年、スーパーボウルの実況放送は、試合開始の六時間前からすでにはじまっていました。

(1)　日本でいうと、給食、放課後の生活、部活動に置き換えられますが、これに加えて生徒指導も挙げられるでしょう。ある意味、授業よりも重視されてしまう場合があります。

試合前の時間を使って各選手のストーリーを語り、視聴者を試合に結びつけていったのです。

いうまでもなく、わずか二チームでの試合ですが、スタジアムにいるチームとは何のつながりもない数多くのファンが背後に存在しています。つながりを生みだすために、テレビ局は視聴者の感情に訴えるストーリーを提供しました。ですから、たとえ試合中のプレイに興味をもたなくても多くの視聴者が選手の誰かに感情移入をしてしまい、その結果として視聴者は試合に釘づけとなったのです。

でも、愛すべき生徒たちを大事にしているコミュニティーの場合は、テレビのような演出は不要でしょう。家庭や地域コミュニティーの人たちには元々結びつきがあるからです。生徒自身が学校について語ってくれれば、家庭と学校の間に存在する見えない壁を打ち壊すことができます。生徒が語るストーリーには説得力があり、地域と生徒の気持ちを結びつける力があるのです。きっと、想像以上に学校と地域の結びつきを強くしてくれるでしょう。

あなたが明日にでもできること

デジタルツールを用いて生徒の声を拡散しましょう。生徒は学校ですばらしい発言をしたりしますが、保護者はそのほとんどを知りません。基本的に平日は、ほとんどの教師（とくに小学校では）が保護者よりも多くの時間を生徒とともに過ごしています。一方、保護者やコミュニティーの人たちは、校内の出来事につながりたいと思っています。デジタルツールを導入するだけで、明日からでもすぐに生徒の声を広めることができるでしょう。

生徒にポッドキャストを使う方法を教える

生徒の生《なま》の声は、学校コミュニティーのなかではパワフルな存在ですし、またそうあるべきです。保護者は生徒の生の声を聞くのが大好きですすし、地域の人たちであれば自分の子ども時代を思い出すでしょう。また、教師も、閉じこもっている日頃の授業の枠組みを破って、教室におけるすてきな出来事をほめちぎることができます。

ポッドキャストは、ユーザーが日頃から使用しているメディアを通して学校の情報が送れるので、生徒の声を広める強力なツールとなります。ポッドキャストをつくるために手の込んだ作業をしなければならない、と考え込む必要はありません。「Spreaker」(3) のようなシステムを使えば、明日にでもポッドキャストをはじめられます。

（2）　プロのアメリカン・フットボール（NFL）の年間チャンピオンを決める試合のことです。
（3）　ポッドキャストの作成や配信などを行うアプリです。

ライブ配信を行う

　今や、スマートフォンや持ち運び可能なディバイスを使えばすべてを伝えることができます。ライブ配信アプリ[4]を使えば、あなたの学校、教室での出来事を何でも手軽に放送できるのです。こうしたツールを使えば、わずか数秒で教室でのリアルな出来事を世界中に配信できます。

　ライブ配信によって、学校のイベントを世界に向けて「見える化」できます。スポーツ、コンサート、学校での遊びなど、リアルタイムで記録が可能なのです。教職員は少し怖く感じてしまうかもしれませんが、逆にいえば、学校にかつてない透明性をもたらすことになります。ライブ配信を利用して討論の場面を放送したり、「ペリスコープ（Periscope）」で生徒の頑張っている様子を保護者に配信して、家庭に戻った生徒とつながるように促しましょう。

完全実施に向けての青写真

ステップ1　保護者を中心に、対象となる人々のネット環境を調べましょう

　保護者がどのようなＳＮＳを使っているのかを把握し、放送する場を絞りましょう。学期の最初と最後に簡単なアンケートを行い、普段使用しているＳＮＳを調査します（これで、誰もいな

い部屋に向かって叫ぶようなことは避けられます）。おそらく、保護者のフェイスブックやツイッターが見つかるでしょう。とはいえ、多くの人が使用しているＳＮＳを通して学校推奨の放送用システムを提供したとしても、学年の途中で保護者がＳＮＳを換えてしまうこともありますので注意してください。

ステップ２　プロセスを簡単にする

生徒の声をコミュニティーにしっかり届けたいとは考えていますが、教師や生徒が敬遠するような面倒なプロセスは避けるようにしましょう。(5) 拡散する方法を簡単なものにして、ごく少数の決まった人だけがほめてくれるようなものにはならないようにしましょう。

教職員のアイディアをまとめるプロセスで必要なものは、そのアイディアをもっている教師の名前、アイディア、連絡が取れる時間を記載したグーグル・フォームです。(6) メールの署名部分に

（4）一部の制限はありますが、現在はユーチューブでライブ配信ができるようになっています。

（5）翻訳協力者から「いかに簡単に取り組めるかどうかですね。ＩＣＴに関しては二の足を踏む先生が多いです。誰にでもできるといった安心感を与える必要がありますね」というコメントがありました。何といっても、手軽さは必要な要素となります。

（6）一七ページの注（7）を参照してください。

グーグル・フォームのリンクもあわせて貼っておくと、学校コミュニティーの内外を問わず誰でもアイディアが投稿できます。また、ほかの人のアイディアを見るのも簡単になります。

あなたは、一日に何通のメールを送っていますか？　その一つ一つに、あなたがアップした配信にアクセスできるリンクを貼っていたとしたら、ヒット数がどれほど上がるだろうかと考えてください。

ステップ3　依頼とフォローをセットにする

一年のなかには、管理職が猛烈に忙しくなる時期が何度かあります。その前に、あなたを助けてくれる人、生徒の声を広めるために参加してくれる人を見つけましょう。助けがほしいときには、「分担だから」と言って頼むのではなく、「お願い」をするのです。

もし、教職員のなかでストーリーを語りたい人がいたら、その人の負担が軽くなる方法を考えましょう。休憩時間にその人の仕事をカバーしたり、授業を代わってあげたり、一日の仕事が早く終わるように段取りして、やりたい仕事ができるようにしてあげるのです。余計な費用もいりませんし、教職員は大事にされていると感じるはずです。

ステップ４　気楽にやりましょう

最初のうちは、すべてを配信したいという気持ちが継続するものです。ハネムーン効果[7]のある間、最初の二週間くらいは夥《おびただ》しいコンテンツが生みだされるでしょう。しかし、落ち着いたころには、時間のかかるほかのことに携わる必要があると感じて元の状態に引き戻されるでしょう。

時間をつくるのは簡単ではありませんが、配信をはじめたことについて後悔はしないと思います。常にＳＮＳでの情報配信を心がけ、毎日少しずつ投稿することを目標としましょう。無理なことではありません。これを続ければ、学校で起こっているすてきな出来事に保護者や地域の人々の目は向けられるのです。

課題を乗り越える

課題１　トラブルに巻き込まれるのではないでしょうか？[8]

学校コミュニティー、保護者、そして学校の理事たちは、学校のことで脅かされることを望ん

（7）　六五ページの注（２）を参照してください。

ではいません。たしかに、問題は発生するかもしれませんが、学校コミュニティーとの人間関係を築くという点ではリスクに見合うものだと思います。外部の人とつながろうというときには、積極的になることが基本となります。ポッドキャストで生まれる家庭と学校のつながりで土台がつくられれば、学校がうまくいかないときはそこに助けを求められるようになります。

課題2 生徒を利用して搾取する「宣伝マン」だと言われるのではないでしょうか？

反対者に対しては、ポッドキャストの目的が、学校運営の主導権を握ることやお金、宣伝のためではないとはっきり明言しておきます。目的は、あくまでも見た人すべての感情に訴えるような、学校におけるリアルなストーリーを共有することにあります。人々は、そのストーリーに一体感を感じるはずです。

学びに夢中になっている生徒の声には、かかわる人すべてを変えるだけの力が備わっています。生徒は、授業で学ぶという枠を越えて、外の世界に向けて学びを披露するというチャンスが得られます。一方、教師にとっては、生徒の形成的評価や理解度チェックの材料ともなります。最終的には、学校コミュニティーへの影響はかなり大きなものになるでしょう。

教職員は学校コミュニティーの人に参加してほしいと思っていますが、定期的に学校まで足を運ぶというのはなかなかできません。しかし、何か新しい発見をしたときの生徒の声を聞けば、学校内のすてきな出来事が「バズる」[9]はずです。

私たちの場合、定期的にポッドキャストを配信していますので、常に学校のイベント情報が学校理事たちに届くようになっています。彼らは、一日中本業に勤しんでいるわけですが、学校ともかかわりたいのです。彼らは、好きな時間にポッドキャストを聞いて学校とかかわりをもち、文章や電話でフォローしてくれます。

学校理事たちが教室に注目していると教職員が認識すれば信頼も得られますし、仕事の価値も感じられます。学校理事たちが学校と連絡をとり、校内での特別な実践についてしっかりと話し合うことができれば、みんなが同じ方向を向いていると感じるはずです。

実際にハックが行われている事例

私たちは、情報提供を通して信頼関係を築いています。学校での出来事を知れば、保護者は子

(8) 一五ページの注（6）を参照してください。

(9) ネット上でその記事が数多く触れられ、拡散を繰り返し、閲覧数が一時的に急上昇する現象です。

どもが受けている教育の質により確信をもてるはずです。一回でも自分の子どもが語る学校でのストーリーを聞けば、きっとあなたの活動を褒めてくれるでしょう。そして、あなたのねらいややり方を理解すれば、一番の理解者になってくれるはずです。日々の学校でのストーリーを配信することで、学校コミュニティーが一つにまとまります。

ペングローヴ小学校の校長であり、CUE[10]の「リーダー・オブ・ザ・イヤー」にも輝いたエミー・ファデジ先生は、ポッドキャストとビデオキャストを利用して学校でのすてきな出来事を配信しています。

彼女の学校では、四年生から六年生で構成される「パンサービデオ制作班」が「ペン・ニュース」[11]を制作しています。これは、校内のすてきな出来事について、保護者や生徒に知らせるという週一回の番組です。ニュースを伝えているのはすべて生徒です。

ファデジ校長は常に校庭にいて、ポッドキャスト用のアプリ「audioBoom」を使って生徒の声を拾っています。遊んでいたり、お喋りしたりしているグループに近づいていき、五分のポッドキャストにまとめてすぐさま世界に向けて配信しています。「audioBoom」によって、彼女は一つのアプリ内で録音と公開ができます。リアルタイムに、リアルな言葉を放送することで、ペングローヴ小学校はとても活気づいています。

＊＊＊＊＊

コミュニケーションが散発的であったり、しっかりと準備されたコマーシャルに限定してアピールしたりすると、学校は何かが必要なときにだけコミュニティーとつながろうとしているのだ、という印象を与えてしまいます。学校のストーリーを語る究極の目標は、宣伝でもなければ、罪悪感をもたせて(12)コミュニティーの人たちを学校に巻き込むことでもありません。

真の目的は、教育熱心で、改善を通して教育の価値が高められる、信頼性・教育性・協働性のある大人が周囲にいるという状態をつくることです。だからこそ、日々学校で起こっている真実を見つめる必要があるのです。学校も保護者や地域も、ともにより良くなれます。コミュニティーに対して透明性を保つことがパートナーシップのカギとなるのです。

---

(10)　CUEとは、カリフォルニア州とネバダ州において教育改善を目指した教員のネットワークです。非営利団体で、二万八〇〇〇人以上の人がメンバーになっています。

(11)　「ペングローヴ小学校ニュース」の略称だと思われます。

(12)　地域や保護者が子どもたちを学校に任せきりにしていることを匂わせて、その引け目から渋々協力を引き出すようなことでしょうか。

ハック6

生徒を学校の中心に据える

子どものための学校をつくろう

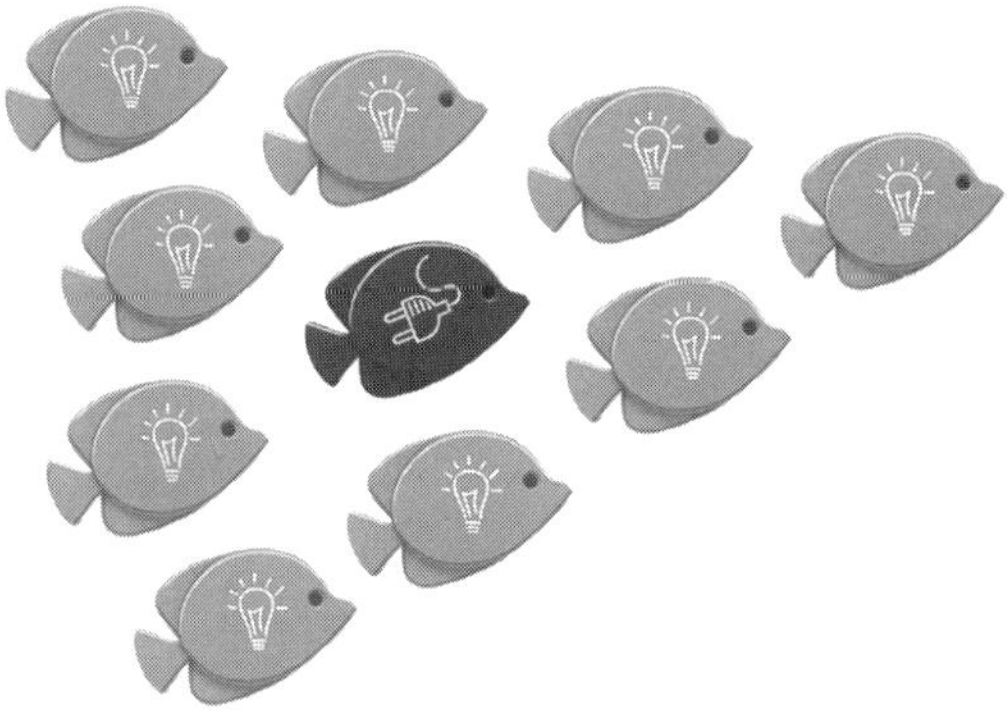

知は不思議から生まれる。

（ソクラテス ［紀元前470頃～紀元前399］
古代ギリシャの哲学者）

問題――私たちは、生徒のためではなく、教師のために学校をつくっている

あなたがほかの教師と話すシーンを思い出してください。学校について話すとき、まずどんな話題が語られますか？　概ね教え方と学び方に関する話となり、なかでも教え方のほうが中心になるでしょう。

会話が深くなってくると、勤務評価、学力テスト、現在の教育の潮流などに話が移ります。管理職の場合には、教職員の人事に関する対応、かぎられた現在の条件のもとでの指導改善などのように取り組むかなどが話題となります。これらの話題は、生徒の学びよりも教師がかかわっている枠組みばかりです。教え方の話題がほとんどであることから分かるように、学校では生徒より教師のニーズが優先される傾向があります。

いかなる地域であろうと、学校の中心は生徒であるべきです。しかし、学校のこれまでの伝統的な仕事を思い起こしてみると、教師中心であるといわざるをえません。教師の側が、教える内容、教え方、学びを規定しているのです。

ごく普通の場合、教師が予算を割り当て、会議を運営し、学習指導し、学校全体がどのように運営されるのかを決めています。教師より生徒のほうが大きくかかわるはずの教室のレイアウトや、学校の一日の流れにかかわる事柄でさえ、生徒の意見が反映されることはありません。学校は、教職員を中心に回っているのです。教職員は、慣例に倣って、生徒の学びや学校全体にかかわる決定と実行を「当たり前」のこととして行っています。

教師中心の教育システムでは、力をもっているのは教師であり、奉仕すべき対象である生徒のことは考慮せず、学習目的に対して逆効果となる施策を推進してしまう場合もあります。最近、国語の読解指導について何人かの管理職と話しましたが、ある校長が「教科書教材を指導書どおりに行うプログラムを導入した(1)」と話していました。バランスのとれたアプローチをしていた私たちは、この発言に驚きました。

---

(1)　具体的には、読み聞かせ、いっしょ読み、ガイド読み、個別読み、言葉の学習の五つの要素で構成されています。前の二つについては、『読み聞かせは魔法！』（吉田新一郎、明治図書出版、二〇一八年）が、ガイド読みと個別読み（ないし「ひたすら読む時間」）は、『読書家の時間』（プロジェクト・ワークショップ編、新評論、二〇一四年）と『リーディング・ワークショップ』（ルーシー・カルキンズ／小坂敦子・吉田新一郎訳、新評論、二〇一〇年）を参照してください。

生徒のための学校をつくれば、学びについての言説も変わってくるでしょう。その結果、イノベーション（革新）や創造、情熱をもって運営されるといった状態が当たり前となります。

その校長によれば、バランス・アプローチの難しさや自由度の問題を克服するために、指導書どおりに行うほうが教師にとっては簡単であると当該の教育委員会が考えているということでした。同時に、それが「管轄内の学校の標準化を促進することになると確信していた」と言います。つまり、教育における改善は、教師が納得し、教師が教えやすいようにすることが目的だったのです。

こうした事例はいくらでも思いあたります。生徒中心の学びのコミュニティーの実現に努力するよりも、教師が教えやすい状態のほうが優先されているのです。教師が自分たちを優先して教育活動を構成しているので、生徒は学校生活のなかで何かを主張したり、選択することができない状態となっています[2]。

ハック——生徒に権限をもたせる

すべての学校の目標は、生徒がまったく不安を感じない、生徒中心の学びのコミュニティーになることだと思います。生徒は、安心さえできれば自信をもちます。自信がもてれば幸福感を味わいます。幸せを感じられれば脳からエンドルフィン（五五ページ参照）が分泌されます。そうなれば、学びの準備ができているといえます。

生徒中心の学校は、ある基本哲学を中心に回っています。それは、生徒が学びに対して発言権をもち、学び方に選択権があり、幸せに、夢中で学ぶ生徒を育てることが学校の役割だ、という哲学です。生徒は、学校コミュニティーのなかで主体性をもったメンバーであるべきです。それがどのように見えるのかは学校次第となりますが、ぜひとも教師から生徒へ焦点をシフトしていきましょう。

生徒中心の学校には、強固な土台となるいくつかの共通要素があります。学校にいる大人のことを、生徒が自分の成長を促すパートナーだと思えることが大切です。そのためにも教師は、生徒をサポートするとともに、学びと成長を推し進める人であると証明しなくてはなりません。

教師は生徒のためを思って説諭しているのであって、ただ恣意的《しいてき》に罰を与えているのではない、と生徒に信じてもらう必要があります。あるいは、生徒がやる気が出ないときにはモチベーションを上げ、あらゆる面で成長を促そうと努力していることも。

（２）翻訳協力者が、「多くの生徒は学校という枠組みはこのようなものだろうと思っており、自分たちの手で学校をより良く変えたいと思える機会があまりないです。それが受け身の姿勢につながっているのかもしれませんね」というコメントを寄せてくれました。授業にせよ、生徒会活動にせよ、部活動にせよ、生徒自身が枠組みをつくったり変えたりするような経験が必要だと感じます。

教師には、こうしたメッセージを出し続ける必要があるのです。学校にいる生徒すべてが、教師は自分たちを愛して（少なくとも好ましく思って）おり、尊重してくれていると信じられる人物でなくてはいけません。

真の意味で学びに焦点を当てている学校であれば、生徒は学習活動のねらいをしっかりと理解しているものです。学校での学習活動のねらいを理解し、活動が魅力的で価値があると判断したときに生徒はもっともよく学べます。「ハッカー」としての思考に基づいて教師中心の学校を変えようとするならば、まずは生徒が大切なことを学んでいると思える環境づくりからはじめなければなりません。そうすることで学校は、生徒の人生にプラスとなるような知識が与えられる場所になります。

生徒中心の学校をつくれば学びについての会話内容が変わり、イノベーション、創造、そして情熱を追い求めるといったことが当たり前になります(3)。「メイカースペース（Makerspace・工房の時間）」(4)と「才能を磨く時間（Genius Hour）」(5)という発想を組み合わせた(6)「すばらしいつくり手（Brilliance Builder）」のような企画が実現すれば、生徒はクリティカルな思考、創造、協働、コミュニケーションにかかわる二一世紀型スキルを身につけつつ、学びを自分で決めていくことができます(7)。

それだけにとどまりません。生徒は、イベントの計画から新しく採用されようとしている教師との面談に至るまで、学校規模での意思決定にも参加できるようになります。生徒が自らの考えを実行するようになれば、互いを学びのパートナーだと捉えるようになります。もし、生徒を第一に考えるなら、生徒が学校のあらゆる面に関与できるようにすべきでしょう。生徒が学校にもたらす興奮や熱意を活用して、彼らの声をさらに増幅させ、学校コミュニティー全体にその積極性を広めていきましょう。

（3）この三点を実現するために書かれた本が『教育のプロがすすめるイノベーション』（前掲）ですので、ぜひ参考にしてください。

（4）メイカースペースとは、ハイテクな機械から昔ながらの道具を用いながら「つくる」、「学ぶ」、「探求する」、「共有する」ことができる、学校や図書館にある分離型施設です。https://t-knit.or.jp/media/makerspace/

（5）かぎられた期間で、生徒が自分の情熱に基づいて創造的に取り組む学習活動です。

（6）「批判的」とよく訳されますが、それが占める割合は四分の一か、せいぜい三分の一ぐらいです。より多くを占めるのは、「大切なものが何かを見極めること」と、その反対の「大切でないものを見抜くこと」です。

（7）もちろん、これらの大切なスキルは、そうした特別な企画や場所がないと身につかないスキルではありません。『プロジェクト学習とは』（スージー・ボス、ジョン・ラーマー／池田匡史、吉田新一郎訳、新評論、二〇二一年）、『あなたの授業が子どもと世界を変える』（ジョン・スペンサー＆A・J・ジュリアーニ／吉田新一郎訳、新評論、二〇二〇年）、『だれもが科学者になれる！』（チャールズ・ピアス／門倉正美、白鳥信義、山崎敬人、吉田新一郎訳、新評論、二〇二〇年）、そして六七ページのQRコードで見られる本を参考にすれば獲得できます。

あなたが明日にでもできること

生徒中心の学校をつくるためには、教師のニーズを脇へ寄せ、生徒のニーズを前面に押しだす必要があります。生徒は、豊かな知識や経験、そして能力をもって登校します。そうした潜在能力をいかすとともに、リード・ラーナーとなる可能性を秘めている生徒を信頼しましょう。

生徒の頭は、大量の情報で満たされるのをただ待っている「空っぽの器」ではありません。私たちがかかわる生徒は、誰もが発達し、成長し、学ぶという経験を欲しているのです。

まずは情報収集をしましょう

学校において、生徒に自分の意見や主張を表現してほしいと思うなら、その前に、生徒が望んでいる参加の仕方について問いかける時間をつくりましょう(8)。このような時間を確保するのは、教師によるコントロールを減らし、生徒たちに任せていくうえにおいて欠かせないステップとなります。

たとえば、「ランチ・ミーティング」の時間を設けて(9)、生徒数名と一緒に昼食をとりながら学校コミュニティーにおいてどのようにエンパワーしてほしいのか、というテーマで話し合ってみてはいかがでしょうか。時間の都合もあるでしょうからすべての生徒と一緒にランチはとれないでしょうが、「グーグル・サーベイ」[10]を活用したり、意見箱を職員室に設置するなどして、学校における立ち位置や存在価値について、生徒がどのように感じているのかを調べてみましょう。

ノリノリの曲を流しましょう

一日のうちで、課外の時間を大人が細かく管理するのをやめて、生徒にある程度の裁量を与えて選択してもらいましょう。ランチタイムと昼休みを、生徒が人間関係づくりをする時間とするのはどうでしょうか。生徒自身が、誰とどの席で食べたいのかを選び、ランチの間、音楽でも流すようにしましょう。

カンティアグ小学校では「今週のＤＪ」という企画を導入しました。毎週、一人ないしは複数

---

(8)　翻訳協力者から、「生徒は言っても変わらないと思いつつ、意外に学校に対して『こうなればいいのに』という意見をもっていますね。実行できる、できないの前に、声を上げることがあまり許されないという雰囲気が日本の学校にはあります」というコメントが寄せられました。生徒の「声」を聞き、いかす学校であれば、生徒のやる気、達成感は高められるはずです。こうした実践を紹介している本として『私にも言いたいことがあります！』（デイヴィッド・ブース／飯村寧史・吉田新一郎訳、新評論、二〇二一年）があります。

(9)　三ページの注（3）を参照してください。

(10)　手軽にアンケートをとることができるグーグル社のサービスです。

の生徒が担当しており、注目するアーティストを紹介して、ランチタイムの間そのアーティストの曲を流すのです。ホール中の生徒が音楽に反応している光景を見たことはありますか？　みんなこの時間が大好きで、一体感が生まれます。ランチルームを静寂・秩序で満たそうとするのはやめて、生徒には（健全な）楽しみを与えて、ノリノリの曲を流してもいいじゃありませんか。

生徒の声をベースにした取り組みを行いましょう

励まされること、祝福されることを日常的なものとして、学校の文化にしていきましょう。アイディアを提供すれば採用されるといったことが繰り返しあれば、間違いなく学校での活動は前向きになります。生徒に朝の放送を任せる、「学校大使」として新入生家族の案内役、新入生の「相棒」としての世話役、訪問者に対する情報提供役などをしてもらいましょう。(11)

目標はただ一つ、生徒にスポットを当てて祝福することです。たとえば、カンティアグ小学校では、よい行いをしていた生徒を知らせるための用紙があり、教職員や生徒がそれを書いてシナニス校長に報告するというシステムをとっています。シナニス校長は、その生徒の保護者に連絡をしてそのことを伝え、数日間、その報告内容が学校内のあちこちで読みあげられます。生徒は「今週のＭＶＰ」として認められ、自分自身、あるいは誰かに対してよいことをした人として有名になります。

カリキュラムのなかで生徒に選択肢を与えましょう

教師に、教室での学習活動のすべてにわたって、より生徒中心となる場面を設けるようにと訴えましょう。そのためには、学ぶ内容や学びを共有する方法などが生徒に選択できるようにする必要があります。みんなが同じことを同じ時間にやり、すべての内容を割り当てて標準どおりにするのではなく、教師には、今までとは違う教え方にチャレンジしてもらいましょう。

仮に、すべての五年生にライティング・ワークショップ(12)の授業の一環として「リサーチ・エッセイ」(13)を書けるようになってもらいたいとしましょう。そのためには、生徒一人ひとりにあった

---

(11)　翻翻訳協力者の一人が勤務する学校では、同様の実践をしているようです。「本校ではこの役割を『ボランティア・ステューデント』と呼び、自発的に申し込んだ生徒たちが、マナーや学校内の活動に関してアピールすることに励んでいます」

(12)　『ライティング・ワークショップ』（ラルフ・フレッチャー&ジョアン・ポータルピ／小坂敦子、吉田新一郎訳、新評論、二〇〇七年）と、日本での実践版である『作家の時間――「書く」ことが好きになる教え方・学び方【実践編】』（プロジェクト・ワークショップ編、新評論、二〇一八年）を参照してください。さらには、中学校での実践を紹介している『イン・ザ・ミドル』（ナンシー・アトウェル／小坂敦子、沢田英輔、吉田新一郎訳、三省堂、二〇一八年）もおすすめです。これを理科に応用した実践が『だれもが科学者になれる！』（前掲）、社会科に応用した実践が『社会科ワークショップ』（冨田明広ほか、新評論、二〇二一年）です。

(13)　先行研究を引用して、自分の意見・考えをエッセイの形で述べるレポートのことです。

学びを実現できる力量を教師が身につけておく必要があります。

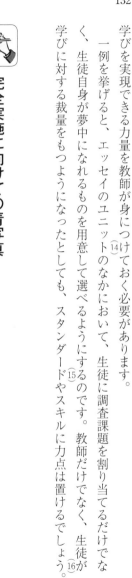

一例を挙げると、エッセイのユニット(14)のなかにおいて、生徒に調査課題を割り当てるだけでなく、生徒自身が夢中になれるものを用意して選べるようにするのです。教師だけでなく、生徒が学びに対する裁量をもつようになったとしても、スタンダード(15)やスキルに力点は置けるでしょう(16)。

完全実施に向けての青写真

ステップ 1 意思決定のためのチームをつくる

チームによる意思決定をするためには、教師、職員、家庭、生徒、行政などが対等な形で参加して、学校にかかわる事柄を協働で話し合う必要があります。生徒をチームに加えると、主体者意識を高めることにつながります。単に発言権を与えるだけでなく、心から耳を傾け、生徒のアイディアや提案を促し、熱意をもっている事柄に注目しましょう。

生徒を主体的な参加者としてチームに招き入れるというのはとても重要です。自分たちのアイディアが身を結び、それが理由でさらにエイジェンシー（主体者意識）(17)を育むというスタイルは、いうまでもなく生徒にとっては望ましいものです。生徒が学校コミュニティーのメンバーとして尊重されているという感覚を、チーム全体、とくに生徒と共有するようにしましょう。

ステップ2　生徒が会議に参加するのを奨励する

一人の生徒を学校の会議に参加させ、「代表」という名ばかりの地位を与えてご機嫌を取ろうとするのではなく、本当の意味での参加機会を何度も提供して、本音が表明できるようにしたいものです。たとえば、新しい教職員の採用会議に生徒を参加させるという仕組みがはじまっています。もちろん、教師や保護者もこのプロセスに立ち会っていますが、生徒にも新しい教職員とやり取りをする場が設けられているのです(18)。

大人の視点で会議に参加しているわけではありませんが、生徒は接していて心地よい相手かど

---

(14) 日本の「単元」に近いですが、考え方は違います。教科書教材からスタートするのではなく、一人ひとりの生徒の目標、教師の目標、スタンダード（学習指導要領）などを踏まえて考えられた学習内容のまとまりのことです。

(15) 五三ページの注（9）を参照してください。

(16) 授業で選択肢を提供することに関しては、『教育のプロがすすめる選択する学び』（マイク・エンダーソン／吉田新一郎訳、新評論、二〇一九年）が、個々の生徒の違いに対応した授業のつくり方については『ようこそ、一人ひとりをいかす教室へ』（前掲）がおすすめです。

(17) 日本の教育では従順さのほうがはるかに優先されていて、一番省みられていないことの一つだと思います。QRコードを参照してください。

うかを判断する意見をもっているほか、感情的な面における強い意思を備えています。もし、生徒にそこまでさせられないというのであれば、安全衛生委員会に参加してもらい、ランチルームでの食事や学校全体の安全管理面について意見を述べてもらうというのはどうでしょうか。

ステップ 3 「すばらしいつくり手（Brilliance Builder）」の工房をつくる

「メイカースペース（工房の時間）」と『才能を磨く時間[19]」を掛けあわせた「すばらしいつくり手」の時間[20]で、生徒がさまざまなメディアを用いて学びを進めたり、知識が共有できるようにしましょう。幼稚園児であっても、興味あるアイディアや課題、概念を追究して、学び方を転換する機会になります[21]。そこでは、生徒が自分なりのやり方でアイディアを出し、つくってみて、いじくり回して、完成させることができるのです。

「レゴ」や「ティンカートイ（ブロックの一種）」での遊び、あるいは電子回路の制作に取り組んでいる間、生徒はイノベーションの才能をフルに発揮します。一日中生徒の活動をコントロールするのではなく、必要なときだけ教師がガイドやアシスタントの役割を務め、生徒自身で学びのコントロールができる場面を設けましょう[22]。

教師が側にいてサポートをするだけで、生徒は自ら選んだ分野のエキスパートになるでしょう。

さらに生徒は、自らの作品や企画、活動を世界中の人々と共有できます。作品を公開すれば世界に向けてその才能を解き放つことになりますし、リード・ラーナーとなる機会が得られるのです。

ステップ４　生徒の「エドキャンプ（EdCamp）」[23]をはじめる

エドキャンプの日を設定し、その日の学校での学びは生徒が選択できるようにしましょう。[24]一例を挙げると、グレン・ロビンスという教師がニュージャージー州の中学校でエドキャンプの日を設定しています。生徒自身が選択した学びの時間をつくり、自分で一日のスケジュールを決め、

---

(18)　訳者の一人の吉田は、これが実際に行われている事例をアメリカやイギリスで数多く見聞しています。それも、一九九〇年代の初頭からです。

(19)　一三一ページの注（4）と（5）を参照してください。

(20)　一三〇ページを参照してください。

(21)　翻訳協力者の一人が、「理事をしている幼稚園で、ある年、博物館ごっこが大流行したので恐竜博物館を園舎のなかにつくり、受付から学芸員、解説ボランティアなど、あらゆる役割を園児に担ってもらいました。恐竜に関する知識の正確なことといったら、それは見事なものでした。翌年は『体の不思議』が人気となり、運動会も体の中をイメージした競技が盛りだくさんとなりました」という体験を紹介してくれました。幼稚園の子どもでも、興味と場面設定によっては大人でも驚くようなことができるのです。

(22)　翻訳協力者から次のようなコメントがありました。「形成的評価を積み重ねていくわけですね。一歩下がったところから客観的に見ることも大切ですね」

学びを進めています。生徒は、専門知識だけでなく驚くほどすぐれたスキルをもっていますので、お互いにそれらを共有し、学んでいるのです。

課題を乗り越える

自分のことを偽らずに考えてみてください。教師の多くは「コントロール・マニア」ですから、やり慣れていることの決定権を手放すというのはかなり難しいでしょう。たしかに、学校がいつものように運営されていれば（教師が生徒をコントロールして、カリキュラムの範囲を決め、コンプライアンスに従っていれば）労力は少なくてすみます。しかし、生徒のための学校づくりを目指して既存のシステムを変えようと計画すれば、それ相応の抵抗に遭うでしょう。

課題1　教師の指導方法に対して多くの変化は望めません。

もっともな指摘です。優秀な教師は、自分のペースで学び、成長できるものです。したがって、彼らは、おそらくゴール地点である評価から考えはじめていることでしょう。

生徒の評価方法をわずかに変えるだけで、学習プロセスのなかで生徒の声を引き出すことができます。たとえば、学習活動のあとに生徒がどのように学んだのかについて、振り返りと自己評価の場面を設定してみてはいかがでしょうか。振り返りと自己評価によって生徒は学び手としての自覚が促され、自分で学びを進めるようになるでしょう。

自己評価に重点を置きたいのであれば、生徒が自らの学びを表現する方法が選択できるようにするといいでしょう。仮に、ある時代の歴史ユニットであれば、その理解度を測るために生徒全員が確認テストを受ける必要はありません。選択させればよいのです。レゴやマインクラフトで村をつくる、その時代に生きているつもりになって毎日日記を付ける、その時代の文化側面に注目して作文を書いたり、遊んだりするのです。

教師のなかには、選択肢を書いたホワイトボードを準備して、特定の学習活動において生徒自らが知識と理解を表現する方法を選べるようにしている人もいます。(25)

---

(23)　参加者主導で行われる、教師をはじめとする教育関係者による、教育関係者のための研鑽の場です。エドキャンプでは、集まった参加者が、自分たちで当日のセッション内容を決めていく「アンカンファレンス」という手法を用いています。日本版のホームページ（http://www.edcampjapan.org）を参照してください。

(24)　翻訳協力者から、「生徒に学びに対する主体性をもたせることができますね。また、自分の学びに対する責任でもありますね。この取り組みを通して、学習は決して受け身で退屈なものではないと気づくと思います」というコメントが寄せられました。生徒が学びの責任をもつことについては、『「学びの責任」は誰にあるのか』（ダグラス・フィッシャー＆ナンシー・フレイ／吉田新一郎訳、新評論、二〇一七年）で詳しく紹介されています。

課題2　幼い生徒はきちんと選択できないでしょう。

靴紐も結べないような五歳の子どもに、「何を学びたいのか」と尋ねて分かるのでしょうか？　一日を楽しく過ごしたいとしか考えていないような五年生が、新しい教師の採用プロセスに参加して価値のある提言はできるでしょうか？　授業に遅刻してしまうような高校生に、学校全体にかかわるツイッターのアカウントを任せられるのでしょうか？

これらのコメントは、生徒をコントロールすることをやめて、生徒をエンパワーするという方法に対するまっとうな懸念といえます。(26)　たしかに、自分の決定次第で他者に影響を与えてしまうという重要さを生徒に理解してもらう必要があります。だから「かかわらせない」と言うこともできるのですが、教師はこの「問題」を捉え直して、生徒のエイジェンシー（主体者意識）を育てるためのスタート地点であると考えるべきです。

もう一度言いますが、「生徒の声をいかす」という小さな一歩からはじめてください。そうすれば、生徒の意見が大切であるということを教師も理解するようになるでしょう。たとえば、ランチルームで提供される食事について、「どの料理がどうして好きなのか」と生徒に尋ねてみましょう。あるいは、休み時間の過ごし方を調べてください。決められたとおりにする場合と自由にすること、生徒はどちらを望むでしょうか？　きっと、その答えに驚くはずです。

生徒と話す時間を設けて、生徒自らの意見を掘り起こし、エイジェンシーが身につけられるようにしましょう。こうしたスキルが、生徒の進路や人生の出発点となります。自分たちがかかわっている問題に対してよい決定を下す能力があると実証できれば、生徒はより大きな挑戦へと向かって進むはずです。

課題3 もし、生徒が主導権を握ったら、教師はきっとすべての教科内容を教えられなくなるでしょう。

教師は一日の大半を使って計画し、効果的にカリキュラムをカバーし、学級経営を改善しようとしています。ですから、まずは教科内容をカバーしなくてはならないというプレシャーにさらされている教師を解放することからはじめましょう。教科内容ではなく、「生徒に教えること」と「生徒のニーズにこたえること」に焦点をあわせるのです。

---

(25) 『歴史をする』(リンダ・S・レヴィスティック&キース・C・バートン/松澤剛、武内流加、吉田新一郎訳、新評論、二〇二一年)は、サブタイトルにあるように自己評価を含めて評価がとても充実しています。歴史の教え方・学び方が中心となっている本ですが、社会科の地理や公民分野に応用できるほか、他教科への応用に関する情報が満載となっている本です。ほかに、『私にも言いたいことがあります!』(前掲)も参考になります。

(26) 翻訳協力者から、「これまでの教育は、いかに子どもたちに失敗させないように、頑丈なレールを敷いているかのような手厚い支援がされていたように思います」というコメントが届きました。そのとおりだと思います。

たしかに、生徒の学びにとって本質的なスキルと教科内容を保証するためにスタンダード(27)を満たさなければなりません。しかし、生徒の学び方やリソースについては、生徒と協働して決めることができるのです。小さな一歩からはじめましょう。生徒には一つの教科、あるいは一つのユニットから提案していきます。それがうまくいったら次に進みましょう。

教師を促して、複数の課題や教科を横断して、生徒が夢中になれる長期の学習プロジェクトを計画しましょう。計画が完成したら、本質を問うような形で生徒と共有しましょう。質問は、ユニットを貫くようなものので、教師の計画を超えて探究するチャンスを生徒に与えるようなものにするとよいでしょう(28)。

筆記試験をなくし、生徒にとって意味のある方法で知識が示せるようにしましょう。そうすれば、評価は学習プロセスの一部となり、ゴールを意味しなくなります(29)。こんな簡単な方法で、生徒の声（考えや主張）は勢いを増し、学習にオウナーシップ(30)がもてるようになります。

指導書どおりのカリキュラムなどといった学校の約束事のすべてを投

週に一度、生徒には自分が選んだ課題を探究する機会を提供しましょう。自分の学びを進めるモチベーションを高めるだけでなく、リテラシーのスキルを高め、教科をつなぐことにもなります。

げ打つ覚悟ができ、生徒による学習活動が進められるだけの準備ができたら前へ向かって進みましょう。「すばらしいつくり手の時間」の基本モデルとなる、週に一度、四〇分の授業という枠を超えて、学習活動すべてに通じる「哲学」が発見できるはずです。随時、ちょっとした「才能を磨く時間」を設けましょう。そして、「メイカースペース（工房の時間）」のようなものをさまざまな学習活動に組み込みましょう。そうすれば、それは特別なものではなく日常的なものになります。

(27)　五三ページの注（9）を参照してください。間違っても教科書ではありません！

(28)　こうした質問のつくり方については『たった一つを変えるだけ』（ダン・ロススタイン、ルース・サンタナ／吉田新一郎訳、新評論、二〇一五年）を参照してください。また、探究的な学習プロジェクトの実践には、『あなたの授業が子どもと世界を変える』（前掲）、『プロジェクト学習とは』（前掲）、『ＰＢＬ――学びの可能性をひらく授業づくり』（リンダ・トープ、サラ・セージ／伊藤通子、定村真、吉田新一郎訳、北大路書房、二〇一七年）、『「おさるのジョージ」を教室で実現』（前掲）、『退屈な授業をぶっ飛ばせ！』（マーサ・ラッシュ／長崎政浩、吉田新一郎訳、新評論、二〇二〇年）、『だれもが科学者になれる！』（前掲）などが参考になります。

(29)　ここでも、『ようこそ、一人ひとりをいかす教室』（前掲）と『一人ひとりをいかす評価』（Ｃ・Ａ・トムリンソン、Ｔ・Ｒ・ムーン／山元隆春、山崎敬人、吉田新一郎訳、北大路書房、二〇一八年）が参考になります。

(30)　他人事ではなく、自分事（自分の自由と裁量があるもの、責任を負うもの）と感じる意識のことです。

実際にハックが行われている事例

カンティアグ小学校では、意思決定チームに四人の保護者、四人の教師、二人のアシスタントティーチャー、そして行政担当者に加えて二名の五年生代表が参加しています。もちろん、生徒にも対等な発言権があります[31]。事実、生徒たちにとって重要な事柄についてはしばしばリーダーシップをとり、柔軟で価値ある提言をしっかりとしています。

この二年間で生徒代表は、週に一度、ランチルームでさまざまなクラシック、ジャズ、ロック、ポップスを流すという「今週のＤＪ」番組の改善をサポートしました。昨年は運動会の改革に乗りだし、チームカラー別の対抗戦が面白くなって、「眠れないほど興奮した」と言います。そのあとに得られたフィードバックは、驚くほど肯定的なものでした。

もし、会議のテーブルに生徒の席が準備できないのであれば、彼らにとってもっとも重要な議題に焦点を絞りましょう。そう、「宿題」です。宿題はすぐに廃止されるようなものではありませんから、生徒がせめて毎晩ワクワクするようなものに切り替えてみませんか？　たとえば、学びの幅を広げるようなメニューをつくって、そこから選べるようにしてみましょう。

七年生の生徒には、教科書を読んで南北戦争に関する質問に答えるという宿題に代えて、もし南軍が勝利していたらどうなっていたかという動画をつくるとか、若年兵の立場でブログをはじめる、南北戦争を舞台とした絵本をつくる、などといった選択肢から選べるようにしてみてはいかがでしょうか。

宿題の「ハック」をさらに進めたいなら、家でも「すばらしいつくり手の時間」や「才能を磨く時間」などの活動を課し、情熱をかき立て、探究に向かわせる何かを制作できるようにするのもいいでしょう。(32)

「挑戦の火曜日」と題する活動からはじめてみましょう。これは、毎週火曜日の宿題を「新たな活動に挑戦する日」とするものです。課題は、新たな素材でイラストをつくる、制作活動に取り組む、興味のあるものを調査する、科学実験をするなど、何でもいいのです。

(31)　翻訳協力者から、「学校を支える存在として教師、生徒、保護者、地域があるように、この会議にも教師と生徒のほか、保護者や行政担当者などが参加しているので、生徒も主体的に話し合えるのだと思います。教師と生徒だけの会議だと、今までどおりの教師によるコントロールが続いてしまうような気がします」というコメントがありました。生徒が学校の主体となるためには、乗り越えるべき壁がいくつもあるようです。

(32)　翻訳協力者が次のような疑問を投げかけてくれました。考えてみたい問いです。「宿題は知識や技能の定着に使われがちですが、家でじっくりと自分の考えを表現するという宿題もいいですね。知らず知らずのうちに、宿題にまで教師のコントロールが反映されていると自分でも気づいて驚いています。どのくらいの教師が、意図的に『生徒のため』に宿題を出しているのでしょうか」

翌日、生徒は学校でその話を共有します。新たな挑戦は学校の学びを拡張し、生徒一人ひとりにあわせた完璧な方法となりますので、すべての生徒が学びたい課題を探究することになります。成績にかかわらないこのような改善が学校を緩やかに変化させ、生徒のためになるのです。(33)

このような影響の少ない変化を生徒と教師が体験したあとは、より生徒中心、生徒主導で学べる活動を学校の一日に取り込むための方法を考えましょう。多くの学校が、「才能を磨く時間」や「メイカースペース（工房の時間）」、あるいはその両方を実施していますが、日課のなかでそれを取り入れるための時間がなかなか取れないという話も耳にします。

計画・実施の容易さを考慮しつつ、「すばらしいつくり手の時間」に代えることも考えましょう。これは、前者二つの活動の長所である創造性、創作活動、アイディア重視の学びといったすべてを兼ね備えています。

「すばらしいつくり手の時間」によって、生徒は情熱、興味、専門知識に基づいた学びを進めるようになります。この活動における「制作者」としての姿は、情熱に基づいて調査したものから何かをつくりだすことを促すものとなり、「才能を磨く時間」と「メイカースペース（工房の時間）」の橋渡しとなるでしょう。

毎週、生徒自身が選んだ課題の調査をするようになれば、自らの学びを進めるだけでなく、リテラシーのスキルが成長し、学習内容にもつながってくるでしょう。「すばらしいつくり手の時間」は、生徒の二一世紀型スキル、とくにクリティカルな思考、創造性、相互理解・コミュニケーションなどを育むことになります。(34)

＊＊＊＊＊

経験上、私たち教師は、生徒のためを思って毎日いくつもの決定を下していると認識しています。そのほとんどが成功していますので、教師はますます生徒に必要なことを与えようとしてしまうのです。たしかに、教師は多くのことを正しくやっていますが、生徒およびその学びに直接影響を与える行為に関しては、生徒の「声」を取り入れることの重要性を忘れてはいけません。

生徒は、大切なものを見抜く目と価値のある視点をもっています。そして、教師からすると、生徒こそがもっとも重要な評価者なのです。だから、生徒の声に耳を傾け、そのアイディアが実現できるように優先されるべきです。

その結果として、部分的に生徒をコントロールするという面が放棄されますが、その状態に慣

(33)　宿題をハックしたい方は、そのためのアイディアが満載の『宿題をハックする』（スター・サクシュタイン＆コニー・ハミルトン／高瀬裕人、吉田新一郎訳、新評論、二〇一九年）を参照してください。

(34)　これらの生徒主導の学びについて書かれている本が、『あなたの授業が子どもと世界を変える』（前掲）や『教育のプロがすすめるイノベーション』（前掲）です。

れなければいけません。生徒の声を強め、学校の未来と学びのために発言を促すことで、学校は真に生徒を中心としたものになるでしょう。

ハック7

スーパー教師を見いだす

スペシャリストのチームを育てよう

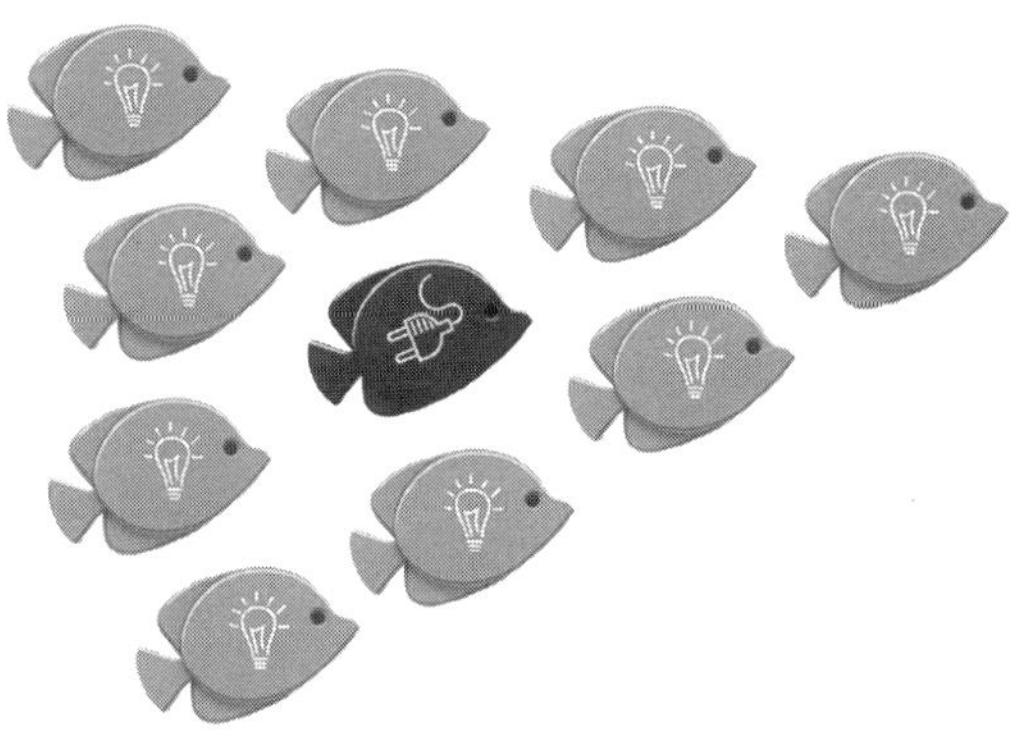

すぐれた教師はロウソクのようなもの。
自分をすり減らして、ほかの人の道を照らす。

（ムスタファ・ケマル・アタテュルク
［Mustafa Kemal Atatürk, 1881～1938］トルコの初代大統領）

問題――現実問題として、教師不足がある

アメリカ教育省の統計によると、教師の一三パーセント近くが初任からの五年間で職を離れています（二〇一五年調査）。また、カリフォルニアの教員養成プログラムへの登録数は、過去五年間で五三パーセントも減少しています。大学での教員養成も減っており、最初の職場となる学校でも教師としての成長の糸口がつかめず、教育制度にとどまるのが厳しい状況となっています。

その原因は単純なものではありませんが、教師に対する否定的な風潮が大きな要因となっています。もはや、すぐれた教師自身による刷新なくして教育制度が勢いを取り戻すことはないでしょう(1)。すぐれた教師を採用して教職にとどまってもらう。そうすることで将来はメンターとして活躍してもらいたい――これが、生徒のためにできる管理職のベスト計画となります。

ハック――スーパー教師を採用する

アメリカでは、名声の高い人に夢中になる傾向があります。私たちを楽しませてくれるなら、

行ったこともない場所の、会ったこともない人に魅了されてしまうのです。私たちは、週に数時間、競技場で見かけるだけの選手に対して一生懸命応援をしています。また、セレブの話を聞いては、どのような贅沢をしているのだろうかと思いをめぐらせてしまいます。そして子どもは、スポーツ選手や俳優、ミュージシャンに対して、その厳しい努力や成功に至るまでの犠牲については考えることもなく、ただ憧れています。

ステージやテレビ・映画の世界、競技場で活躍する人たちは人並外れた才能をもちあわせているわけですが、全人口のわずかひと握りでしかありません。そんな数少ない人たちが並外れたことをやってのけるので、私たちはその才能に驚いてしまうわけです。だから、試合後にお立ち台に上がったときに発するコメントや、映画俳優がトークショウなどで話す内容に耳を傾けたくなるのです。そして、映画のセリフ回しに惹きつけられ、スポーツの試合に釘づけとなる日々を送っています。

ご存じのとおり、教師はみんな驚くほど忙しく、その多くが才能にあふれているのにもかかわらず、このような熱い視線を浴びることはほとんどありません。教師は、あらゆる生徒集団を率いて年間一八〇日にわたる困難を乗り越え、乗り気でない生徒にはやる気を起こさせ、理解力と

(1)　日本も似たような状況にあると思うのは、訳者たちだけでしょうか？

能力を次のレベルへ引き上げるために、励ましながら挑戦を続けています。

時には、健全な人間関係を築くための社会的スキルが十分ではない生徒ともつながる必要があります。また、生徒が学びの中心となるような学習環境をつくる必要もあります。そのうえ、毎晩、毎週末、そして休日のたびに「仕事の山」を家に持ち帰って、家族との時間を犠牲にして、助けを求めることもなく、そして感謝すらしない生徒のために仕事をしているのです。さらに、業績が認められるといったことはほとんどなく、ましてや祝福などされることはありません。それでも教師は、このような仕事を三〇年以上にもわたって続けているのです。

享楽のために大量の時間とお金を投じることを「よし」としながら、「教育を高く評価している」などと標榜するこの社会はひどく偽善的だと思います。ですから、もし本当に教育に関心を寄せているのであれば、教師の果たす役割の大きさを主張し、学校をすばらしい教師で構成するべきなのです(2)。

管理職であるあなたが学校の財産とすべきなのは、そういうすばらしい教師のチームの存在です。教員採用を「ハック」して、スーパースターのチームを結成して、新規採用者がすぐにでもよい仕事ができるような制度をつくりあげましょう。

あなたが明日にでもできること

人材募集情報をグーグル・ドキュメントで作成する

あなたの学校における現在の人材募集情報をグーグル・ドキュメントで作成しましょう。これがスタート地点となり、プロセスの透明性が保証されます。

人材募集の話題を「バズる」ようにする

多くの人が行き交い、目につきやすい場所に人材募集情報を貼りだしましょう。おそらく、あなたはすでにSNSをもっているでしょうから、こちらも同じく目に留まるようにアレンジしてください。

あなたの学校でのすてきな出来事を祝ったりして、採用希望者にアピールしましょう。たとえば、「イノベーションを生みだす教師の仲間になりませんか？」などが考えられます。

（2）　管理職である翻訳協力者から、「大変共感します。ともすると教職はやりがいの搾取と言われることもあります。私たちが意欲にあふれ、生き生きと役割が果たせる環境を整えていきたいです」というコメントがありました。

地元の大学とつながる

教員志望の学生に話題をもちかけましょう。きっと、あなたの学校を売り込むチャンスになりますし、将来性のある候補者とつながる機会が生まれるでしょう。(3)

完全実施に向けての青写真

ステップ1 協働して人材募集情報をつくりだす

仕事や役割を一番理解しているのは、「今、それをやっている人」です。同学年、あるいは同教科の教師に、空きのあるポジションについての人材募集情報をつくってもらいましょう。踏まえておく必要があるのは、この仕事は通常業務ではない、ということです。学校コミュニティー内の人に頼めば費用はかかりませんが、そこがポイントではありません。教職員の意見を取り入れて、希望をもたせる絶好の機会と捉えましょう。

管理職であれば、人材募集情報を提示できるでしょう。しかし、現場の教師の声を取り入れることで、「教室から離れている管理職に何が分かる？」という反対意見は避けられます。(4) そして、現場教師の視点から、特定の状況にどのような候補者が適任であるかという見解が得られます。

さらに、この人材募集情報を教職員が作成することによって、その仕事に求められるレベルについて、管理職と教職員との合意形成が図れるという利点もあります。もし、現在いる教職員の誰かがこの募集情報の条件を満たしていなければ、管理職であるあなたは、今後どうすべきかについてその人と話し合う機会を設けやすくなるでしょう。

人材募集情報の原稿が完成したら、作成者とじっくりその内容について話し合いましょう。きっと、作成者本人が募集内容を満たしているのかと、振り返ることになります。(5) さらに、その職域についてどのようなサポートを受けているのか、そして今後、どのようにしたいのか、といった点について尋ねてみましょう。こうした会話をすれば、作成者のニーズや希望を尊重しているという姿を示すことになります。

---

(3) 以上のことから分かるように、欧米の公立学校の人事は学校単位で行われています。それに対して日本の公立学校の人事は、都道府県の教育委員会単位となっています。結果的に、それが「人事のブラックボックス」化になっています。つまり、誰がどこでどういうふうに採用や異動の判断をしているのか一切分からないという仕組みです。このような状態で、すぐれた教師を採用できるのでしょうか?

(4) 翻訳協力者から、「教科や分掌、学年ごとの手薄な業務などは、管理職から見ていても問題点に気づかないことがあります。人材募集はできませんが、現場の声をいかに吸いあげることができるのかが重要な気がします」というコメントがありました。管理職が、目の届かないところがあると自覚し、現場の声を収集しようとする試みが必要です。

訳者コラム

日本の教育人事

ここまでを読んだだけでも、日本の教員人事とはだいぶ異なることが分かると思いますが、ここに書かれている情報を日本の教員人事に透明性をもたせるためのきっかけにしてもらえればと思います。そうしないと、この章のハックに掲げられているような「スーパー教師のスペシャリスト集団」はつくれませんし、結果的に、生徒に対してはこれまでと同じく「教科書をカバーし、正解当てっこゲームをやらせるだけ」となってしまいます。

また、日本の学校では校長に人事採用権をもたせるのは不可能だと思いますが、たとえば人事考課（教員評価）に応用することは可能です。自分に権限がない、だから思い描いているようにできなくても仕方ないと思い込むのではなく、「ハック」することが大切だ、というのが本シリーズの趣旨です。

人事権がなければ、管理職の裁量のなかで応用できる部分はどこか、学校システムのなかで変えていける部分はどこか、それを考えるヒントにしていただきたいと思います。生徒や保護者、地域の人、地元大学を活用できませんか？　新しい教師が赴任してきたときにできることはありませんか？　二人の翻訳協力者からも次のようなコメントがありました。

「まさに同じことを考えていました。先生方のやる気、意欲を高めていくために管理職として何ができるかという視点で読み進めています」

「この考え方は、学校心理学の『チーム援助』と同じです。このチーム援助を機能させるために必要なものが、それぞれのニーズに応えられるようにさまざまな資源・人材をコーディネーションすることと、それぞれの強みや専門性をいかした相互コンサルテーション（ピア・コンサルテーション）です」

ステップ2　話し合うことからはじめる

「本を表紙で判断するな」という格言が真実をついていると実感しているにもかかわらず、応募してきた教師と面接する際、履歴書と志願理由書をかなり重要視してしまうものです。たしかに、業績の際立った候補者が面接を受けに来るケースが多いのですが、その一方で、可能性を秘めたスーパー教師がいるにもかかわらず、「経験不足」というレッテルを貼って見落としてしまうという場合が多いものです。また、志願理由書を書くことだけは優秀といった人も面接を受けに来ますが、そういう人が必ずしも生徒との関係づくりができるとはかぎりません。

書類審査が終わったら、次は管理職との面接を行う予定となる候補者についてさらに吟味します。つまり、履歴書というハードルを越えた候補者とリアルな会話をするということです。希望としている最終候補者数の三倍は面接をしましょう。ですから、五人を採用しようと思っている

(5)　翻訳協力者からコメントをいただきました。「人材募集情報について話し合うということは、作成者本人の振り返りと自分自身へのメタ認知を促すという本当にすばらしい方法だと思います。その人を信頼して『任せる』ということですね。このアプローチの仕方は、『ハック2』でも出てきた、自分たちの学校のヴィジョン・ステートメントや学校目標、学級目標をそのコミュニティーに関係するすべての人たちがそれぞれの考えや意見、希望・願いを出しあって共有し、責任をもって決定していく場合と同じで、学校コミュニティーの一人ひとりを大切にするアプローチですね」

ならば一五人の候補者と面接をすべきです。

私たちの面接は二〇分間となっています。三つ以上の質問はしません。それでも、すぐれた候補者は、わずかな質問をジャンプ台として意味のある話し合いへとリードしてくれます。

ステップ3 ⑹ 質問を少なくすればたくさん話せる

学校関係者を面接チームに必ず入れるようにします。そうすれば、最終面接に参加する全員から信頼が得られます。面接チームに教職員、教育委員会、保護者、生徒を入れれば採用プロセスに価値が生まれます。

面接では「正解」を答えさせるような質問はやめましょう。場面設定をしたうえでの質問をすれば、候補者は柔軟かつ賢明な思考を示すだけの機会が得られます。面接の際、「落とし穴」となるような質問は不要です。また、最終面接は、一〇人もの人を前にして、その場で素早く応対できる人かどうかを見定めるようなものではありません。候補者に対して、あらかじめ質問を示しておいてもいいと思います。そうすれば、候補者がそれらの質問から事前に選ぶことができます。

私たちは、候補者にはベストを尽くしてもらいたいと思っています。候補者に、成功のためのチャンスを与えることが重要なのです。

ステップ４　生徒をツアーコンダクターにして学校案内をする

履歴書と志願理由書を読み、しっかり吟味したうえで二〇分の最終面接を行ったとしましょう。次は、最終面接において「これは」と思った候補者を学校に招きましょう。その際、生徒にツアーコンダクターをお願いしましょう。もちろん候補者には、これも採用面接の一部であることを知らせておきます。採用の透明性を保つとともに、ツアー中に候補者が生徒と交流する様子を見ることもできます。小・中・高の生徒を信頼して、候補者とともに学校内を周り、建物の特徴や学習場所を紹介してもらいましょう。

ステップ５　学校内で候補者の様子を見る機会を設定する

候補者を学校に招き、教室で生徒とどのようなやり取りをするのか、その様子を見ることは最終決定をするためのすばらしい方法となります。とはいえ、いくつかの点で決して簡単ではありません。

たとえば、候補者が別の州の出身で、出張や移動時間といった点で問題があるかもしれません。しかしながら、このような場面設定は、仮のものとはいえ実際の教室が候補者の目にどのように

（６）八ページの注（８）を参照してください。

映っているのかが確認できますし、チームとして求める教師の専門的な知識についてテストできるというメリットもあります。

実際に招くのは、一緒に学校にいて居心地がよいと感じてくれるような人だけです。これは、その人の問題を掘り起こそうというものではなく、その候補者と身近に接して、相手の人柄やさまざまな事情を理解するために行うものです。いってみれば必須のステップであり、候補者の教え方や指導の仕方を知ることにもつながります。

ステップ 6　新任教師を職場全員で歓迎する

いよいよ採用者が決まりました。採用された新任教師に校舎の使い方や教材の場所を教える時間は十分にあるでしょう。しかし、新任教師が教職員の仲間入りをして、みんなで盛りあがれる機会は早々ありません。しかし、そのような機会は、「人が第一」というあなたの学校文化を証明する絶好のチャンスとなります。新任教師は、次のような機会によって学校文化を認識し、恩恵を受けるでしょう。

・年間指導計画(7)づくりに参加してもらう。
・夏のうちにチームのつながりをつくる。
・夏の間に、社交的な催し（パーティーなど）に招待する。

・新学期前に三日間の研修日（ICT活用研修、メンター研修、目標設定研修）を設ける。
・ランチに行く、教室で寛ぐなど、早い段階でメンターと会って関係づくりをする。

ステップ7　新任教師を紹介する「記者会見」を行う

たくさんの機材を準備して、新任教師に「お立ち台」に立ってもらいます。学校コミュニティーの人たちがいつでも見られるように、この記者会見の様子を録画しておきましょう。新任教師を地域に紹介するというすばらしい方法ですし、もっとも楽しめる行事でもあります。

ステージは、地域のロゴが見えるように配置します。プロスポーツチームが新人選手をメディアで紹介するときのように、字幕もつくりましょう。「ドラフト新人」を大切に扱い、新しいスーパー教師が学校をいかに前進させるかについて強力にアピールします。さらに、生徒にも同席してもらい、新任教師とやり取りをしてもらうといった演出もよいでしょう。

もちろん、新任教師にもコメントをしてもらいます。大いなる抱負を話してもらったあと、地域を象徴するような上着を着てもらい、記念写真を撮って記者会見は終了です。(8)

---

(7)　アメリカでは新学期前となります。
(8)　野球の新人選手が入団の記者会見でユニフォームを着るような感じです。

ステップ8 メンター制度を設ける

新しい教師を正しい方向へと導くメンター制度を設けましょう。(9) ベテラン教師が人材募集情報をつくっているでしょうから、そういう人と協働できれば、教師として働く期待感とともに同僚同士で共通の土台を生みだすことができるでしょう。

新任教師が(10)定期的につながれるように配慮してください。また、メンターとメンティーの両方を校長がコーチすれば、新任教師の可能性を広げるベストな方法となります。

ステップ9 継続して新任教師に時間を投資する

一年を通じて新任教師に着目しましょう。計画を立てるとともに、時間をつくる必要がありま す。これから二〇年以上も働いてもらうわけですから、力強いスタートとなるような後押しをしたいものです。(11)

最初の数年間は、加速度的に成長する時期であるとともに不安定な時期だともいえます。したがって新任教師は、最適な状態で働くためにその価値を感じる必要があります。あなたがすぐれた教師を選んだのなら、きっとイノベーションの文化とすばらしい学びに貢献してくれるでしょう。新任教師に時間を投資すれば、より良い学校文化の形成につながるのです。(12)

ステップ10　毎年、人材募集情報を改善・更新する

教師自身が、教師としての仕事内容を変えられるようにしましょう。ここに挙げた活動を大切にして、毎年、[13]実施する時期を設定さえすれば、教師の時間と意見を校長が尊重していると示すことができます。

（９）メンター制度とは、その職業の経験と知識のある先輩（メンター）が、後輩（メンティー）を育成し、指導する方法です。対話によって気づきや成長を促しますが、仕事上のことだけでなく、私生活も含めた人生についても話題とします。この部分を読んだ翻訳協力者からコメントが届きましたので紹介します。「初任者には担当教員がつきますが、新卒の講師や若い教員にこのような制度があれば気軽に何でも相談できますね。経験を積めば、誰に何を相談するといいのか自分で判断できるようになりますが、初めのうちは相談する相手がいない、そもそも自分の悩みが分からない、といった状態の教員もいます」

（10）もちろん、そのための資質を校長自身がもっていること、磨き続けることが前提です！　コーチングは、簡単なものではなく、ある程度の知識や技術、訓練を必要とします。コーチングについて練習する機会は、授業でカンファランスを中心にした教え方に転換することで生まれます。ＱＲコードの記事を参照してください。

（11）管理職は二〜三年で、教師も数年で異動するのが当たり前となっている日本の現状では、このような感覚は出てこないでしょう。訳者たちは、日本の教育をよくするための最大の障壁が「人事」であると、本書のブッククラブにおいて確信しました。そして、そこにメスを入れないかぎり何事も変わらないことも。このあとに出てくる「イノベーションの文化とすばらしい学び」を学校はつくりだせませんから。

課題を乗り越える

課題1　どうすれば人材募集情報についての合意を得られるでしょうか？

一学年の教師が三人しかいない教育委員会もあれば、六〇人もいるという教育委員会があります。ここで紹介した新任教師採用プロセスは、このような環境にあわせたものでなければなりません。しかし、既存の方法でも使える部分があります。

生《なま》の声を集めるというのは確かによいことですが、六〇人が一堂に会して一つの文書をつくるというのは、みんなの時間を有効に使っているとはいえません。全員が集まらなくても、みんなの声を尊重する方法はあります。

・学年や教科ごとの教師に、調査ツールを用いて本質的な質問をします。一例として、次のような質問があります。

「あなたの仕事で一番価値を感じているのは何ですか？」

「あなたが仕事をしていて、一日で一番いいと思うのはどんなときですか？」

「あなたの学年や教科で、生徒が成功するために大切なスキルは何ですか？　三つ挙げてください」

・学年や教科ごとの価値やスキルを把握したら、小グループをつくって、より優先順位の高い価値やスキルを分担して明確にしましょう。
・ここでの作業の仕方は、グーグル・ドキュメントを用いて協働するという方法が効果的でしょう。人材募集情報においてもっとも重要な点は、人がそれを自分のものとして捉え、実際にいかせるようにすることです。そうでなければ、ただの書類としてバインダーに綴じられておしまいです。覚えていられるかどうかで、情報の効力が長続きするかどうかが決まります。シンプルな言葉を使い、スキルについて簡潔にポイントを押さえ、教科や学年において大切にしている価値を見いだしていきましょう。

---

(12)　管理職である翻訳協力者から、「初任者や若手をどのように育てていくかというところですね。働き方改革という名のもとに勤務時間の削減、効率化が進められていますが、職員間における協働の場が削減されてしまっては意味がありません。一方、ベテランが良かれと思ってかけた声掛けがパワハラにとられてしまう例もあり、なかなか難しいなと思います」というコメントが届きました。これを改善するためには、教師の成長を中心としたアプローチが必要です。現在、学習者主体、生徒中心の授業への転換が叫ばれていますが、それは教師も同じです。教師がどのように学び、成長を志向しているかを尊重し、それに沿ってコーチするようなリーダーシップが求められています。

(13)　これをしている人が、日本国内ではどこにいるでしょうか？　子どもたちに提供する教育をよくしたいなら、出発点はここととなります。

・学校全体に人材募集情報を提示する前に、それぞれのグループで精査し、特定されたスキルや価値がすべて含まれているかどうかを確認しましょう。
・派手に紹介することを恐れないでください。誰もがきっと、人材募集情報の完成を祝福してくれるはずです。協働的なプロセスでつくりだした過程を目に見える形で示しましょう。

課題2 リーダーの期待よりも少ない作業量で人材募集情報を仕上げてしまいたいと教師は思うのではないでしょうか？

ほとんどの教師は仕事にプライドをもっており、重要性も理解していますから、このような懸念はよく分かります。しかし、車のキーを渡すだけではよいドライバーになれません。同じく、教師に人材募集情報の作成を任せてしまうだけでは、見せかけの、「骨抜き」のようなものができあがってしまう可能性があります。

しかし、管理職であるあなたがすぐれたリーダーとして時間を投資すれば、学校のどこに問題があるのかが分かり、より自然に、新任教師採用に関する協働的なプロセスが形成できるでしょう。また、学校内の仕事の領域や分担のあり方について対話の機会を設けるという大きなチャンスともなります。教師の意見を尊重したプロセスがあれば会話が弾み、誰しもが一体感をもつはずです。

課題3　約束事は実態とは異なるものです。

あなたが実行しようとしている採用プロセスを認めましょう。しかし、私たちは、時に「見落とし」をするものです。学校にいる生徒のために最高の人材を見つけ、それを維持するための方法を実施しようとしているわけですが、新しい教師や既存のチームにしっくりこない場合があるかもしれません。また、現状維持ではなく、真に望む人材を求めたにもかかわらず、うまくいかないときもあるでしょう。

もし、チームにおいて「使えない」人がいたら(14)、そのままにしておくのではなく、その人がより良い状態になれるように手助けしましょう。

実際にハックが行われている事例

人材採用のプロセスにおいてもっとも重要な点は生徒の参加です。生徒も参加できるだけの余地が設けられるなら、採用プロセスにより実効性のある公式の機会を提供すべきです。

(14)　翻訳協力者から「これは、すべての公立学校の課題です」というコメントがありました。

最近のことですが、フォール・クリーク教育委員会で高校の校長を採用しようということになりました。採用過程において生徒の声が必要であると分かっていましたので、人材採用チームの実働メンバーとして貢献できる生徒像について教職員から意見を求めました。

スポーツのスター選手や学級委員を求めているわけではありません。優秀な生徒も必要ですが、苦労している生徒も必要です。リーダーになっている生徒だけでなく、あらゆる層の参加を望んでいました。その結果、生徒チームには、音楽好き、スポーツ選手、優等生だけでなく、勉強に苦労している生徒も含まれることになりました。

管理職などのメンバーと生徒たちとの会話から採用プロセスははじまりました。生徒には、建設的なリーダー像を述べてもらいたいと考えました。よって、採用面接時にどのような質問をしたらよいのかと尋ね、プロセス全体を通して、自分たちがどのようにかかわるのかについて話し合ってもらいました。基本的には、生徒が望んでいることに対しては承諾しようと思っていましたが、管理職側にとって収穫となったのは、彼らが関与したがっている部分が明確になったことです。

生徒チームは、採用チームの一員になることについて思いや関心を述べ、候補者に対する校舎案内を企画し、採用面接のすべてが終了したあと、校内に向けて報告することを希望しました。また、「採用プロセスのあとに校長にも会いたい」と言っていました。採用チームの実働メンバーとして活動する意志と情熱は驚くべきものでした。

話し合いに参加したことで生徒は、誰もが内向的ではなくしっかり話すようになりました。教師、保護者、管理職が一堂に会した場でも、自分たちの意見を述べるようになったのです。また、自分たちが企画した校舎案内のときの様子として、生徒と教師、そして候補者がどのようなやり取りをしていたのかも話してくれました。生徒たちはしっかりとプロセスの振り返りを行い、自分たちが望むリーダー像について雄弁に語ったのです。「すばらしい！」のひと言です。

最終選考の時点で、管理職などのチームと同時に最終候補者を生徒に知らせました。採用チームメンバーとして生徒たちを認めていたからです。

採用プロセスが終了しておよそ一週間後、サンフェリポ副教育長は採用チームに属していた教師から電話を受けました。その教師は、採用プロセスに参加できたことを非常に喜んでいました。その会話の中身は、採用チームの一員であったことに満足しているだけでなく、採用プロセスが生徒に与えた影響にまで及んでいました。

採用チームに入った生徒は、新たな白信を胸に抱いて校内を闊歩していました。紛れもなく、生徒はエンパワーされたのです。学校文化が変化した一端を表す光景です。彼らはリーダーなのです。学校文化をリードするチャンスを手にしたことで、初めてその事実に気づいたのです。

すばらしい教職員を採用するというのは、生徒のためになる、もっとも重要なことです。生徒にとって適切な人物を配置したいものです。適切な人物とは、前向きで、イノベーションのマインドセット[15]が共有できる人です。

特定の学年や教科を教える能力以上に、候補者の可能性を見いだしましょう。生徒とすてきな関係をつくれる、常に学び続ける人を見つけることは、採用プロセスにおいてもっとも重要な点となります。こうした適性のある人に、学年ごとに異なるかかわり方を教えるほうがずっと容易です。

採用された人があなたのコミュニティーで貢献できるように、可能なかぎりの歓迎ムードをつくりましょう。面接のときからそれははじまっていますし、コミュニティーに向かって開く新任教師の記者会見まで続きます。新任教師のよさや能力をアピールして、あなたの学校がすばらしい環境になるように人材の育成をしていきましょう。

＊＊＊＊＊

---

(15) これに特化した本が『教育のプロがすすめるイノベーション』(前掲)ですので、ぜひご一読を!

ハック8

教師も情熱を注げるプロジェクトをする

教師を励まして学びと成長を推進しよう

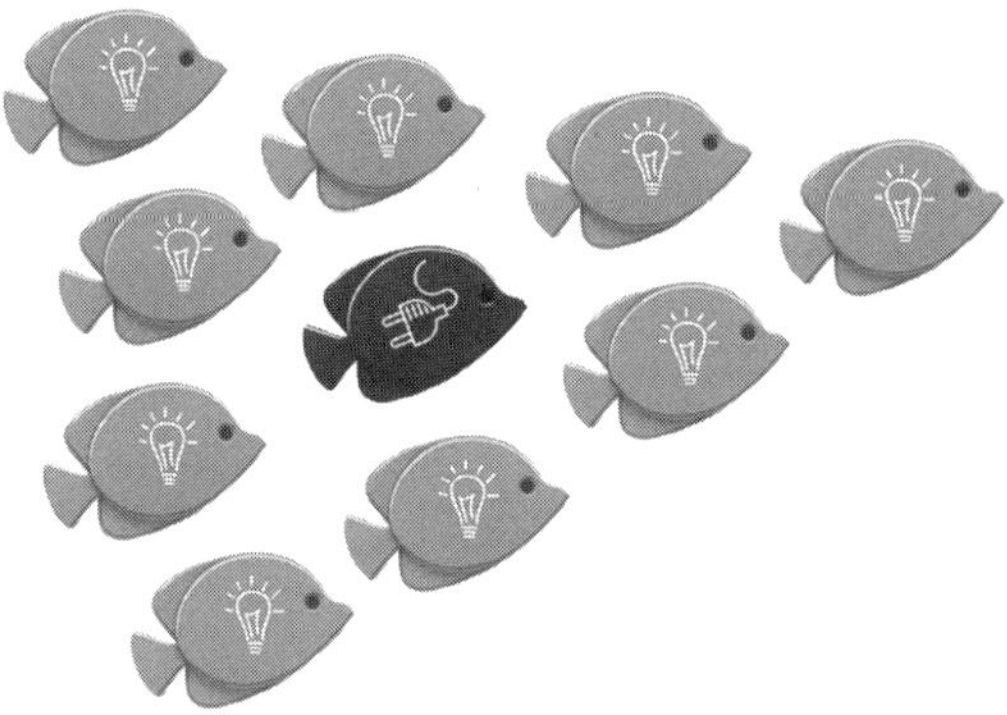

成功を収めたかったら、成功を狙うべきではありません。
ただひたすら自分のやりたいこと、
そしてこだわっていることをやるべきです。
そうすれば、自ずと成功はついてきます。

（デイビッド・フロスト卿［Sir David Paradine Frost, 1939〜2013］イギリスのテレビ司会者）

問題──教師には専門性を高めるための時間が必要である

指導主事は口をそろえて、一人ひとりの生徒をいかす指導[1]をすることを教師に求めています。しかし、教師に対してはこれまでと同じ内容の一律研修を続けています。驚くべき矛盾です。

管理職も同じで、終日の研修となれば、異なる学年、教科、多様な知識や興味をもった教師を一つの部屋に押し込みます。それが、教師の指導力を向上させると確信しているからです。もちろん、学校内の全教師が共有すべき情報もありますが、教師一人ひとりに異なった学び方が必要なはずです。生徒に対して一人ひとりのニーズにこたえる教え方が有効であるとするならば、教師に対しても同じく有効なはずです。

あなたは、市町村、都道府県、国レベルの教育行政において権限をもっていないかもしれません。組織においてある程度の権限をもつ立場にならないかぎり、行政からの政策を押し付けられるままとなります。

行政の意思決定にかかわる職に就くようにと要請されたら、ぜひ引き受けてください。そのような機会がないのであれば、意思決定に影響力をもちうる集団に参加する機会を探りましょう。リーダーシップをハックするというのは、障害を回避して成功への方法を見つけることです。私たちは現状の制度を変えようとしています。今ある政策の意図をいかしながらも、一人ひとりの教師のニーズにあう方法を見いだせるはずです。

ハック——大人も情熱を注げるパッション・プロジェクトをする[2]

私の生徒たちは、「才能を磨く時間[3]」から実に多くのことを得ました。才能を磨く時間とは、前述したように、生徒たちが興味のあるテーマに取り組み、その成果を好きな方法で表現できるという時間です。才能を磨く時間がとてもうまくいったので、私たちはその「大人版」をつくりました。教師が、好きなことを、好きなときに、好きな方法で取り組む、そのような時間を創設したのです。

（1）一三ページの注（4）を参照してください。

（2）翻訳協力者から次のようなコメントがありました。「学習者としての生徒たちの気持ちを理解することができますね。教える側にいると、生徒が直面する『分からない』という不安や、新しいことを理解する過程をつい忘れてしまいます」

（3）一二七ページの注（5）を参照してください。

通常の時間割に、生徒たちが情熱をもって探究できる特別な時間を組み込むのは比較的容易ですが、教師の場合はそう簡単にはいきません。教師が研修している間、生徒たちをどうするのかという問題を除いたとしても、日々の業務の多さを考えると、教師の勤務時間中に特別な枠を設けるというのは不可能に近いといえます。あまりにも雑多な業務があるため、教師への研修はいつも後回しとなっており、そのための時間が確保できないというのが実情です。

しかし、学び、成長を続けることが専門職の専門職たる所以です。そこで生まれたのが「パッション・プロジェクト（Passion Project）」です。学び、成長を続けようとする教師が、探究したいテーマに情熱を傾けられるプロジェクトです。そして、管理職は、教師の取り組みにおいて成果が上がるように、時間とリソース（資料や資材）、そして機会を提供するのです。

「パッション・プロジェクト」という教師の成長モデルは、教師自身がテーマと計画を決められるところに特徴があります。だからといって、過去に進めてきたことを否定するわけではありません。一人ひとりがプロジェクトに対してオウナーシップ(4)をもってほしいですし、自分自身にあった方法でプロジェクトを進めていってほしいだけです。

私たちはそれぞれの教師がより良い方法を見つけだすと確信していますが、二つだけ条件を設けています。

❶プロジェクトの計画に、教師が指導過程を振り返ることができ、州が定めている教師評価の基

準を満たしているかどうかを示す(5)具体的なデータが含まれていることです。生徒のデータを分析すれば、教師は自分の指導方法の傾向やパターンについて、教室での実践にうまく適合しているのかどうかについて振り返ることができます。

しかし、ここで明確にしておきたい点は、「データは情報を与えてくれる」が、「データが意思決定をするわけではない」ということです。この二つには明確な違いがあります。

データが意思決定に必要な情報を提供してくれると考えた場合、データや関連する情報は生徒の学習を改善するものとなります。これに対して「データが意思決定をする」場合は、データの客観的分析そのものがとるべき行動を決めてしまうということです。教育に関する意思決定には多くの要因が影響してきます。教室で日々生徒と過ごしている教師には、常にどのような方法が相応しいのかについて考え続けてほしいです。

❷私たちは、常により良いものを求めて成長してほしいと教師にお願いしています。そうであるならば、管理職は少し距離を置いて、教師がそれぞれのペースで成長できるように見守る必要があります。成長過程は一人ひとり異なります。関心や背景、能力などに応じて、それぞれ独

(4)　一四一ページの注(30)を参照してください。
(5)　日本の場合は、学習指導要領ということになります。QRコードを参照してください。

自のペースで変容していくものなのです(6)。

そのようなとき、私たちがすべきなのは、逐一その変容をチェックするのではなく、一人ひとりを信頼して、改善する様子を見届けることです。一人ひとりの成長過程を批判しないように心がけたいものです。間違いを犯すというのは、リスクをとろうとしている証明ともなります。

教育のような非常に複雑な営みにおける教師や生徒の成長は、それを目指して継続的に挑戦することで起こります。目標が完全に達成されていないとしても、その過程は即座に否定されるようなものではありません。信頼することが大切なのです。そうすれば、教師一人ひとりが学びのオウナーシップをもてるようになります。

「パッション・プロジェクト」という教師の成長モデルを実行したことで、学校のみんなが協力して物事を成し遂げようとする場面が顕著に増えていく様子を私たちは目にしてきました。「パッション・プロジェクト」がはじまってから、掲げられる目標はよく考えられたうえで的確な言葉となり、さらにイノベーションをかき立てるものとなりました。

人は自分で目標設定をするときは、より積極的にリスクをとろうとするものです。なぜなら、そのほうが生徒を育てる能力を高められる、と感じるからです。容易に達成できる目標を設定することで「パッション・プロジェクト」をやり過ごそうとする教師が出てくるかもしれませんが、自らの目標設定を任された場合、多くの教師は安易にそこから逃れようとはしませんでした。昔ながらのやり方を通すこともできたわけですが、そうはしなかったのです。

私たちは、問題のある少数の人を管理しようとはせずに、秀逸な人たちをベースにして意思決定をする必要があります。何といっても、ほかの教師のモデルとなりうるような人々なのですから。教師の主体的な学びの機会を保証するというのは、そのようなすぐれた教師の仕事や能力を高く評価することでもあるのです。(7)

(6)　当然のことながら、同じことは一人ひとりの生徒にもいえ、その考え方が「一人ひとりをいかす教え方」が誕生し、そして普及している背景になっていますが、日本では授業も教師研修も、全員が同じスピードで学ぶことを前提にして行われています。不平等に扱ってはならない、という錯覚のもとに。一人ひとりは違うわけですから、一様に扱うことこそが不平等なのに！

(7)　翻訳協力者から、「問題点やできていないことに意識を向けるのではなく、上手くいっていることや上手くできている人のやり方や考え方、行動に焦点を当て、モデルにしていく、さらには試行錯誤する機会と時間を保証する＝待つということですね」というコメントいただきました。この項では、すべて教師について書かれていますが、まったく同じことが生徒についてもいえます。両者は「入れ子状態」になっていることを忘れないでください。

あなたが明日にでもできること

これまで慣れ親しんできたタイプの教員研修から一歩踏みだすには、少しの時間と信頼関係が必要となります。「パッション・プロジェクト」を実施するとき、教職員は必死になって自分が取り組みたいテーマを探すはずです。

ほとんどの教師は、何を、いつ、どのような方法でやればよいのかについて、これまでずっと指示されてきました。まず、明日にでもできるのは、夢中になって自己研鑽に取り組める「時間」と「リソース」、そして「機会」を提供することでしょう。この三つが提供できれば、教師主体のイノベーションが生まれる研修は学校文化として確立します。このような環境が保証されれば、教師は学び続けるはずです。

自分自身が何に情熱をもっているかを考えてもらう

まずは「パッション・プロジェクト」の考え方を紹介し、何に取り組みたいかを考えてもらいましょう。事前に考えておけば、プロジェクトに取り組む時間が生まれたときに好スタートが切れます。

役に立つ資料を提供しよう

教師の目標や興味を把握したら、参考書や資料についての提案をします。このプロジェクトにおいては、これが学校のリーダーが果たしうる重要な役割であると私たちは考えています。決して押し付けず、人とリソースをつなげるのです。

共通のテーマをもっている教師同士をつなげましょう。ネット上や会話のなか、あるいは書籍や雑誌のなかで職場の教師に役立つ資料を見つけたら、知らせてあげましょう。短いメールを送ったり、個人ボックスに資料のコピーを入れてあげたりするといったことでもよいでしょう。私たちはツイッターをよく使っています。(8) 教師の目標に関連する記事や資料を見つけたら、すぐさまリツイートしたり、教師名をタグ付けしておきます。

リソースという点で教師をサポートするために予算は必要としません。リーダーがほんの少し努力すればよいだけです。教師の専門的な成長をサポートすることは、教員研修の根幹です。このようなサポートは教師一人ひとりの仕事を認めているというメッセージにもなりますし、それによって、学校のリーダーとしてあなたの資質が高まるはずです。

---

(8)　元々は荷札や付箋といった意味です。さまざまな情報を分類整理して、参照しやすくするために付与します。

インフォーマルなグループづくり

最初にすべきなのは、つないでほしいところを教師に尋ねることです。そして、それらとのコネクションの実現に尽力しましょう。このような機会は、放課後の「アプリの時間」を利用すればもてるでしょう。そこでは、教室で使っているアプリについて、教師が紹介したり、話し合ったりしています。あるいは、「ランチ・アンド・ラーン（Lunch and Learn）」のような集まりもいいでしょう。昼食をとりながら、お互いのテーマについて議論をするのです。ボクサー（Voxer）[9]のようなコミュニケーション用アプリを使えば、本やテーマについて話すこともできます。

このような集まりが、目に見えるような成果をすぐに生みだすことはないでしょう。最初は三人しか集まらないといったこともあるでしょうが、三人が集まってともに学んだという事実をプラスに捉えませんか。このような声が広がればもっと多くの人が参加するようになるはずです。

完全実施に向けての青写真

ステップ1　教師一人ひとりの目標を、教育委員会の目標や方向性にそろえる

目標を設定すると進むべき針路が明らかになります。たとえそれが与えられた目標であったと

しても、そのなかから自分にとって意味がある部分を探ろうとするでしょう。そして、自分自身の目標が教育委員会のとるアプローチとどのように関連するのかについて考えるはずです。

与えられた目標であっても、やり方まで強制される必要はありません。役に立つ情報を提供してくれていると考えてみてはどうでしょうか。

ステップ２　教師に意見を求める

個人として、そして教師として、伸ばしたいと思っていることは何か尋ねてみましょう。[10]これも、予算を必要としない取り組みです。このような対話は教師の力量形成に資するはずです。

なぜ、その分野で成長したいのか尋ねてみてください。すでに答えはもっているはずです。教師にとって改善が必要なことを一つ一つ取り上げて対話をしなくても、自分自身が一番知っているはずです。教師が伸ばしたいと思っていることや能力に自信をもってもらうことは、管理職であるあなたとの信頼関係づくりにも寄与するでしょう。

（9）一七ページの注（7）を参照してください。

（10）公立学校の管理職である翻訳協力者から次のようなコメントをいただきました。「人事評価の目標に照らして、話すことも重要ですね。形成的評価を積み重ねていけば、教師自身の意欲につながっていくと思います。ひいてはラポール（親密な信頼関係）を築くことにつながるでしょう」

ステップ3 生徒のデータを目標に組み込む

教育委員会や州の目標に連動した測定可能なデータを含める必要があります。改善したいことについて話し合えば、その教師が学びたいと思っている内容が分かるようになります。生徒のデータを活用すれば、教師個人の目標が教育委員会や州、全国の目標とつながっていくのです。

さらに、積みあがっていく教師の仕事量を、いたずらに増やさないといったことにも貢献します。自分の指導を改善したいという個人の情熱と、州が要求する数値を関連づけられれば、教師の多忙さをほんの少しですが緩和できます。

ステップ4 メンターを探してもらう

伸ばしたい分野のメンター（よき先輩）をもてば、一人で学ぶよりも多くの学びが得られます。誰がメンターであるかを明らかにする必要はありません。全員が、学ぼうとする領域に詳しい誰かとつながりをもつべきです。

校長のあなたが教師と「パッション・プロジェクト」(11)について話をする機会は、教師がメンターを見つけるときに役立つはずです。メンターとメンティー（先輩から支援を受ける人）の関係を強化することは、教師全員が成長するのに役立ちます。

ステップ5　研修に取り組める自由な時間を与える

従来の研修計画を破棄して、「パッション・プロジェクト」に取り組むようにすすめてみませんか。新しい活動に取り組む時間がないというのは、学校が長きにわたって抱えてきた問題です。教師は、仕事におけるほとんどの時間を生徒たちとかかわって過ごし、残りの時間を授業の準備と評価に費やしています。そして管理職は、研修に十分な時間が割けないという問題を、研修に費やす時間を厳格に管理することで解決してきました。

計画に多くのことを盛り込みすぎると、すぐれた教師の成長を阻害してしまうという問題が起こります。すぐれた教師は、自己研鑽のために予定を変更することを厭わないでしょう。彼らは、これまでもずっと夜間や週末に仕事をしてきたわけですから。一方、自己研鑽に熱心でない教師は、他者の予定に関係なく採点をし、授業の準備をし、メールの返信をするでしょう。会議室にだって、それらの仕事を持ち込むかもしれません。

しかし、すぐれた教師は自分自身の努力によってあるレベルにまで到達するのです。それは、校長であるあなたが期待するレベルに近いはずです。私たちが信頼して期待をすれば、そのよう

---

(11)　メンターについては、一六一ページの注（9）および『「学び」で組織は成長する』（吉田新一郎、光文社新書、二〇〇六年）を参照してください。

な教師はきっと期待にこたえてくれるはずです。

次回の研修日に、次のように言ってみてください。

「今日は、決まった議題はありません。各自がプロジェクトに取り組んでください。いや、一つだけありました。一一時半から一時まで一緒にランチをとります。一緒にランチを食べ、学校とは関係ない話をしましょう」

このように話すとどうなると思いますか？　そう、学校について話し合うことになるのです。その時間は、信じられないほど有意義なものになります。

議題や目標を自分自身で決められれば、より多くの教師が研修に積極的に参加するようになるでしょう。「年間を通じて、決められた議題のない研修日が三日間あります」と教師に告げたとき、みんなが実にすばらしい表情をしてくれました。そして、その研修当日の感想はさらにすてきなものでした。

私の学校では、スケジュールが決められたときよりも、何もないときのほうがずっと充実した状態になりました。それぞれの目標に照らして、配分する時間を教師自身が決められるようにしましょう。教師を信じてください。振り返りは成長に欠かせないものですが[12]、予定のすべてを決めつけられてしまうと、その振り返りさえも邪魔ものになってしまうのです。

ステップ６　柔軟に

私たちは教師全員に対して、「自分にあった方法で振り返りをするように」と言っています。[13]振り返りのためのテンプレート（シート）も用意していますが、自らの学びの実績を提示する新しい方法を考えだすことも奨励しています。これによって、知識が増えるだけでなく、教室で使用できるもう一つのメディアを手にすることができます。一年間を通じた成長の証《あかし》として、ビデオ、ポッドキャスト、ライブ・バインダー、[14]ホームページ、ピッチなど[15]が提出されます。研修成果を発表するときは、クリエイティブに、そして柔軟に考えるように伝えましょう。

ステップ７　よいフィードバックを

「パッション・プロジェクト」に対して質の高いフィードバックを与えると、教師は自分の意見

---

(12)　これと同じことが、生徒たちを対象としても可能であることが想像できますか？

(13)　翻訳協力者から次のようなコメントがありました。「自分にあった方法でまとめることができると、教師のストレス（やらされ感）も減ると思います。ポートフォリオのようにすることもできますね。このように自由度が高くなると学びに向かう意欲も高まる気がします」

(14)　データやファイルが保存できるオンライン上の仮想バインダーです。https://www.livebinders.com/welcome/

(15)　パワーポイントのようなソフトウエアで、チームでの使用に最適といわれています。https://pitch.com

が管理職に届いたと実感できます。つまり、仕事が評価された、と感じるのです。リード・ラーナー[16]は、教師にとって役立つフィードバックを、注意深く、じっくりと考えます。それは、生徒に対するフィードバックのモデルにもなります。

時間のかかることですが、その効果は計り知れません。具体的であることがカギとなります。私たちは、「私は……が好きです」[17]や「……と思うのだが」といったようなフィードバックを使っています。最近は、「ボイス・メモ」の使用が便利であると分かってきました。ボイス・メモに対する教師の反応は上々です。私たちが話す声のトーンから気持ちの高ぶりを感じられるようで、みんなが「嬉しい」と言っています。

課題を乗り越える

課題1　このような変化が本当に必要であると、教師全員を説得するにはどうすればよいですか？

「パッション・プロジェクト」を導入する必要性を感じたら、オピニオン・リーダーとなっている教師に働きかけて教師集団を動かしてもらいましょう。影響力だけでなく特別な知識をもっているオピニオン・リーダーは、「パッション・プロジェクト」のような新しい試みが成功するためには不可欠な存在となります。なぜなら、オピニオン・リーダーは、通常フォロワー(18)の人たちを導く術《すべ》を知っているからです。オピニオン・リーダーが新しい提案に興味をもちさえすれば、周りの人々をその方向に導くことができます。

ほかの人たちは、オピニオン・リーダーの知識やスキルに影響されるでしょう。そうすれば、あなたが抵抗勢力と直接対峙する必要がなくなります。

課題２　しっかり取り組むようにと教師を説得するにはどうすればよいですか？

どのような教師集団が形成されているのか考えましょう。オピニオン・リーダーは、多様な人間が混在している集団においてより影響力を発揮します。いうまでもなく、オピニオン・リーダーは誰に対しても強い影響力をもっているからです。

多様な人間から成る集団は、異なる背景をもつ人たちと交流をすることで新しいアイディアを生みだし、最終的に変化を生みます。一方、均質的な社会におけるイノベーター(19)と呼ばれる人た

(16)　一五ページの注（５）を参照してください。
(17)　ボイス・レコーダーやスマートフォンで録音した音声メモのことです。
(18)　(follower) 追随者、信奉者、リーダーの反対語です。
(19)　五ページの注（４）を参照してください。

ちは、「変わり者」であるといった疑い深い目で見られがちです。ですから、変化というものは、人々が安心かどうかを判断するよりも先に大きく起こしてしまう必要があるのです。人々が新しい取り組みを受け入れるか拒否するかは、すべてオピニオン・リーダーのカリスマ性にかかってきます。アプローチする集団の特性を理解していれば、より戦略的に物事を進めることができます。

課題3 うまく学べずに、時間を浪費するだけの教師がいます。

そのような教師は、採点をしていたり、ネットサーフィンをしたり、または別の方法で時間を浪費しているものです。少数のそのような人のために、すぐれた人々の成長が妨げられるようなことがあってはなりません。すぐれた人々にとって不都合とならない決断をするには、教師一人ひとりの自立に任せるしかありません。年度末に教師は、自分自身が成長した証拠を示す必要があります。自分たちが過ごした時間のことは自分たちで考えるでしょう[20]。

実際にハックが行われている事例

サンフェリポ先生がフォール・クリーク教育委員会の副教育長になったとき、地域内の小学校、中学校、高校の代表を集めて、教師研修について意見を聞きました。代表が集まった場で、彼は二つの質問をしました。

一つ目の質問は、「フォール・クリークに来る前より、あなたはよい教師になっていますか?」でした。参加したメンバーは、サンフェリポ先生の質問が終わるよりも先にうなずいたり、はっきりしない「イエス」という返事をしました。

二つ目の質問は、「なぜ、それが分かるのですか?」でした。この質問への反応は、一つ目とは大きく異なっていました。周りを見回したり、話しはじめたり、沈黙したりしていました。質問に対する答えは、その沈黙から明らかでした。この部屋にいる誰もが、この教育委員会にある学校に勤めはじめてから成長できたと感じていましたが、誰もそれに確信がもてなかったのです。

その後、集まったメンバーがつくりだした目標は極めてシンプルなものでした。「教師の成長をサポートすること」、そして、「確実に成長したと分かるようにすること」でした。

このグループが集められた当時、グーグルの「業務時間の二〇パーセントを自由に使ってもよい」というアイディアに触発された「才能を磨く時間」という考え方が教育界に影響を与えてい

(20)　日本の教員研修は、校内であろうと、センター研修であろうと、主体的に学べない人を対象にして組まれているような気がします。その結果、自立的に学べる人たちからすれば、聞く必要のない話になっています。

ました。フォール・クリークの生徒を含めて、多くの教室では、学校の一部の時間を自分の好きなことに使うという運動が巻き起こっていたのです。

生徒たちを猛烈に突き動かしているこのような方法を教員研修に使わない手はないと、グループのメンバーは考えました。教師たちは、生徒たちが夢中になって主体的に取り組んでいる様子に驚愕していました。私たちは、「同じことがみなさんにもできませんか?」と、教師に問いかけました。

このようにして、フォール・クリークの教師向けの「パッション・プロジェクト」がはじまりました。その後の三年間は、もう目を見張るような展開となりました。廊下や教室での会話の中身は、新しいイベントや事業についてではなく、自分たちの成長に関するものとなりました。教師は自分自身のコンフォート・ゾーン[21]について語りあい、そこから抜けだす方法を考えました。みんな、主体的に学ぶことの大切さを実感したわけです。

教育委員会は、時間とリソースと交流する機会を提供して支援しました。「パッション・プロジェクト」は、私たちの予想をはるかに超えて教師の力量を高めたのです。もっとも重要なのは、「学校文化が変容した」ということです。自分自身の主体的な学びの時間をもてたという経験が、与えられたプロジェクトの時間を超えて授業改善に影響を与えたのです。一人ひとりにあった教師主体の研修に移行することは、学校を変えるだけの力をもっていると証明されたのです。

このような変容は強制されたものではありません。地域内の教師は、州が設定しているすべての達成目標をクリアしていました。いたずらに業務が増えたわけではなく、適切な量の業務がより多く成し遂げられたのです。そして二〇一六年、フォール・クリーク教育委員会は、「パッションプロジェクト」への取り組みによって、教育リーダーシップ国際センター[22]から「教育イノベーション賞」が授与されました。

＊＊＊＊＊

私たちは「パッション・プロジェクト」に全力を傾けました。プロジェクトは、教師の主体的な取り組みを生み、教師はそこにオウナーシップがもてるようなり、このプロジェクトに誇りを感じるようになりました。「パッション・プロジェクト」は教師にとって誇りなのです。そして、より重要なことはその影響力です。

自立的で、一人ひとりの学びを大切にする「パッション・プロジェクト」がもたらす恩恵は、教師から生徒へ伝わります。私たちは、教師に考える人であってほしいと思っています。そして、

（21）七九ページの注（10）を参照してください。
（22）https://leadered.com を参照してください。

問題解決のできる人であってほしいとも。なぜなら、そのような資質を生徒たちに育んでほしいからです。

研修を学校現場から切り離したものと捉えてしまうと失敗します。改善を急ぎすぎることで多くの提案や命令が強制され、その結果、人々はオウナーシップをもてず、そのプロジェクトは撤退を余儀なくされるのです。

私たちが州や連邦政府レベルで起きている内容をコントロールすることはできませんが、職場の教師の声をいかして、彼らの主体的な学びを生みだす方法を見いだしました。私たちは、同じことを生徒たちに対しても実現したいと思っています。そのためには、授業改善のリーダーとともにこの実践をモデルとして推し進めていく必要があります。教師は専門職として雇われているのです。専門職として、敬意を払うべきです。

この「パッション・プロジェクト」はコレクティブ・ラーニング[23]であり、教員研修の一つの有力な方法であると示しました。個人の成長と学校の成長、このような二つの側面をもった研修は、広い見識を生む、熱心で、学校という組織の核となる教員育成には不可欠です。

---

(23) 参加者全員が意思決定に参画でき、自分たちで運営するという学びです。

ハック9

協働して学ぶ

仲間とともに成長しよう

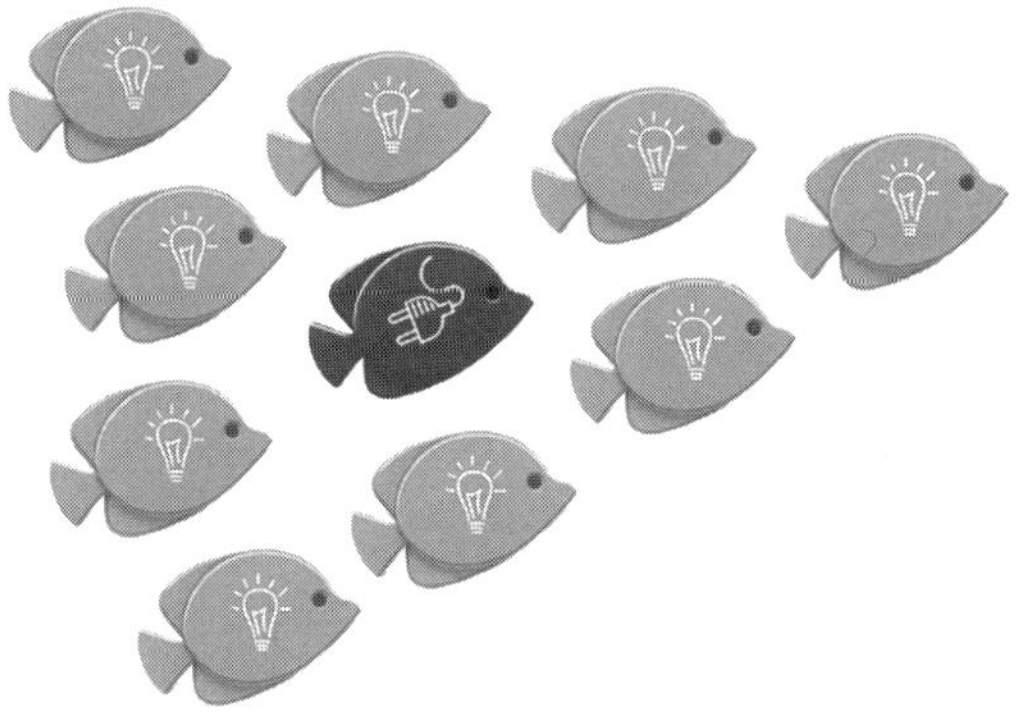

よい教師になりたかったら、よい学習者になるべきです。

（ジョージ・クーロス［George Couros］教育者、イノベーター、『教育のプロがすすめるイノベーション』の著者）

問題——教師には協働して学ぶ機会がほとんどない

教員研修を計画するにあたり、組織の課題解決からはじめるのではなく、一人ひとりの興味関心に応じた「パッション・プロジェクト」に取り組むことで教師の力量を高める方法を前章で提案しました。教員研修(1)をハックするための次のステップは、プロジェクトに取り組んだ教師の情熱や専門性をベースにして、組織としてのより大きなヴィジョンと目標をつくりあげることです。このような協働による研修のアプローチは、学校を持続可能な組織に変えるだけでなく、教師一人ひとりの研修をより良いものに変えていくはずです。

私たちを教育し、成長させ、支援してくれるような研修に参加することは、教師という専門職集団にとっては責務といえるでしょう。それは、楽しく、かつ価値あるものにすべきです。しかし、無意味な研修も数多くあります。教師の学びについて研究している人が、既存の教員研修の多くがなぜそのような酷い一日になるのかについてヒントを与えてくれています。

その研究者は、「よい研修というのは本質的、意図的で、日常に根づいていて、体系的なもののはずである」と述べています(2)。この主張と実際の教員研修を比較してみると、先の批判は決して的外れでないことが分かります。

多くの教師は、意味を感じられず、学校現場とはかけ離れた内容の、質の低い研修を押し付けられていると感じています。まるで、学校現場を知らない行政職員によって計画されたかのようです。実際、そのとおりなのです。

現在、教員研修は年間を通じて定期的に実施されていますし、日々の教育実践とは無関係で、持続可能性のない特別な行事になってしまっています。あなたも参加したことがあるはずです。誰とも、何時間も話さずに、じっと座って、「私たちがなすべきこと」について講師が延々と話すのを聞いているだけです。それを、意味ある学びだと自分に納得させながら聞いているのです。このように、講師が集団に対して話をするタイプの教員研修は、「座って聞くだけ（sit and get）」という名称で長年呼ばれ続けています。

たしかに、私たちは座ってその場に参加していますが、自分の成長につながる価値あるものが

（1）原書では「Professional Development」となっています。「プロとしての教師の能力開発」とでも訳せましょうか。「Professional Learning（プロとしての教師の学び）」という言葉も、ここ二〇年ぐらい頻繁に使われるようになっています。ＰＬＣもここから来ています。それに対して、日本の教員研修は「やらされ感」がありますが、ほかに適当な言葉がありませんし、一番分かりやすい言葉なので「教員研修」を使い続けます。

（2）翻訳協力者から次のようなコメントをいただきました。「共感します。研修の日常化ですよね。やらされ感のある研修だと、日常に根づいているとは言えないです」

得られることはほとんどありません。そこで得られる情報は、学校現場からかけ離れたものであり、組織的な学びになっていないのです。私たちが日々必要であると感じていることを私たち以外の人が決められるはずがないのですから、当然です。

結局、私たちは、学校に戻り、研修の資料は棚に放置したままとなり、これまでと同じことをやり続けます。組織としての学びも、成長も、実践の改善も、指導力の向上も、何一つとして起こらないのです。この事実は、教師だけでなく、間接的には生徒たちの学びにも影響を与えることになります。同じような、効果的でない学びが繰り返されることになるわけですから。

背景、経験、興味、環境、能力に関係なく、教師は既製品のように標準化された教員研修を押し付けられています。既製品では、さまざまな特性をもった人に対処できるはずがありません。

教師は、工場で大量生産を行っているロボットのように扱われています。そこには、協働も、すぐれた実践の共有も、組織のヴィジョンや目標の進展もありません。

教師があるアイディアに魅せられ、価値を見いだしたとしたら、個人レベルであれ、組織レベルであれ、自分たちの学びの中心に据えたいという思いを強くもつでしょう。

ハック——協働して学ぼう

現時点において、あらゆる人を対象とした教員研修が望ましい選択肢でないのは誰の目にも明らかです。私たちは、個人的な「パッション・プロジェクト」や協働的な学びの機会こそが、教育界における未来の教員研修であると確信しています。教師が座ったまま、一人の講師が話す内容をただ聞いているだけという研修は「時間の無駄」としか言えません。

時には、講義型のプレゼンテーションが効果的な場合もありますが、残念ながら長い時間はもちません。そして、そのやり方が「参加者全員に相応しい」とも言えません。協働的な学びにシフトする必要がありますし、学びには選択肢があるべきです。私たちは、教員研修には参加者一人ひとりのオウナーシップが大切であると思っています。

教育に携わっているすべての人は、それぞれが研修を最適化するための権利を有している、と私たちは考えています。それが協働的であったり、本質的に個人的な営みであったりしたとしてもです。教師には、学校の組織的な成長のために、一人ひとりのもつ力量を進んで共有するような主体的な学び手であってほしいし、ともに学ぶ仲間であってほしいのです。たとえば、教育委員会や管理職が計画をつくって学校全体で研修を実施するというスタイルはやめて、教師一人ひとりに必要とされる研修が実施できるように権限を与えるべきです。

校長が学校や地域での組織的な学びを実現したいと思っているのであれば、エドキャンプ(3)をモデルにして実施するのがいいでしょう。そのような場であれば、教師はお互いの専門的知識から学べますし、教室を越えて個人の研究や経験を交換しあったり、学校全体に変化をもたらすことができます。

教師に自分のやりたいことを選択してもらうというのは、研修の再定義につながります。研修会やワークショップへの参加、大学院(4)への進学などといった方法に限定されなくなります。教師が効果的に学べる方法はさまざまなのです。エドキャンプ以外にも、同僚とのブッククラブ、ツイッターを通したやり取り、PLCの活動、ソーシャル・メディア上でPLN(5)を展開する、ウェビナー(6)を見るなどがあります。

私たちは、もはや個人としての成長と専門職としての成長が別のものであると考えるべきではありません。効果的な教員研修が、持続的で、信念や実践に変容をもたらす触媒のような働きをするのであれば、個人レベルの成長と一致するはずです。

共著者であるシナニス校長が、校長の研修におけるツイッターの影響を調べて博士論文(7)を書いていますが、それを読むと、「個人としての成長と専門職としての成長は離れがたく、絡みあっている」とされています。成長は、他者との社会的なやり取りの結果として、しばしば個人レベルで顕在化していくのです。その後、学校現場での成長が見られるようになります。

この研究から分かったことは、個人の興味が他者とのやり取りのなかから引き出され、さらに知りたいと思うようになり、学びの入り口になるということです。少し立ち止まって考えてみましょう。教師があるアイディアに魅せられ、価値を見いだしたら、それを自分自身あるいは学校全体の学びの中心に据えたいという思いが猛烈に強くなるはずです。そして、そのアイディアが、最終的には教室での実践として歩みはじめるのです。

伝統的な教員研修をハックする意味は、一人ひとりに応じた学びの時間を与え、それによって教師同士がともに学び、成長し、組織としてのヴィジョンや目標を確立することです。

（3）一三七ページの注（23）を参照してください。

（4）（Professional Learning Community）プロの教師集団として学び続けるコミュニティーとしての学校の略です。英語圏では、それこそが「学校・授業改善」や「教師こそが学び続ける学校づくり」のカギとして実践されています。日本語での情報源としては、http://projectbetterschool.blogspot.com/ があります。

（5）プロフェショナル・ラーニング・ネットワーク。自分の学びを共有し、サポートしてくれる人たちとの個人的なネットワークのことです。https://teacherchallenge.edublogs.org/pln-define/

（6）（Webinar）「Web」と「Seminar」を組み合わせた造語です。動画を使ったセミナーをインターネット上で実施することで、アメリカでは多数の教育関係機関が新型コロナの影響が出る前から実施しています。

（7）日本でこのような実践的な博士論文は許されるのでしょうか？　修士論文は？

あなたが明日にでもできること

教師からニーズを聞きだす

教職員用にグーグル・カレンダーを準備し、各自の「パッション・プロジェクト」に関する話し合いを三回分入れるように依頼します。管理職が教員研修の計画を立てはじめる前に、ニーズや目標、レディネスのレベルについてさまざまなやり取りをするのです。このようなことを、各々の「パッション・プロジェクト」の実施前、実施中、実施後を問わずに行うべきです。将来、このやり取りが校内研修のよいガイドとなるはずです。

研修のための協働を「日常的」なものにする

公式の研修日まで待つ必要はありません。あらゆる場面で(8)教師の学びが発生するように仕向けましょう。メールで論文を紹介したり、掲示板に強いメッセージ性のある図表を貼ったり、有力な情報ソースからのデータについて話し合ったりするのです。教職員が集まる機会を、個人の専門性や情熱が高められる「学びの場」として使いましょう。

時間割に共通の空き時間を組み込む

教師の協働を日常的なものにしたいのであれば、それが実現できる時間を確保する必要があります。学校の年間計画を立てるときに、同学年、チーム、分掌が、週に一回は自由に集まって議論したり、計画を立てたり、学べるコマを時間割に設けるべきです。

年度の途中で、計画が変更できない場合には、隔週でもよいので一時間の空き時間をつくるように調整してみましょう。代役を探したり、自分自身で補講をしたり、全体行事への参加を免除したりするなど、予定表のなかに共通の空き時間を確保するための努力をしましょう。

全員の学びが記録できるようなチャートをつくる

グーグル・ドキュメントで教職員全員の研修が記録できるチャートをつくりましょう。共同学習のチャートには、①現在ある知識（地域の教師がもっている知識で、現在教室で実践しているもの）、②目標（参加者が学びたいと思っているテーマ）、③理解（研修の結果、教師が学んだこと）という三つの欄を設けておきます。この学習チャートの作成には幾つかのねらいがあります。

・ほかの職員が得意としている分野が分かり、その分野でのサポートが得られる。

（８）　つまり、いつでも、どこでも、です！　人の学びは、時間と場所を設定されて起こるものではありません。

・テーマのなかには繰り返し登場するものがあり、そのテーマから、研修を進めるうえで必要な情報が得られる。
・誰が同じようなニーズや興味をもっているかが分かり、関心あるテーマについて議論したり、本を読んだり、生徒の作品を共有するなど、さまざまな方法でともに学ぶきっかけとなる。

完全実施に向けての青写真

ステップ 1 教師の状況を把握する

伝統的な教員研修から、先進的で、主体性のある研修モデルに移行することは決して容易ではありません。これまでの教員研修が慣習や文化として根付いてしまっているからです。教員研修を再構築したいと考えるのであれば、まずは今ある学校文化が肯定的なものかどうかを見極める必要があります(9)。

また、教師がこの種の変革に抵抗感をもたないようにするためには、組織が信頼と敬意で成り立っている必要があります。教師のレベルにかかわらず、有意義な研修の機会を見つけ、それが選択できるようになれば移行は容易となるでしょう。伝統的で受動的な研修からの移行準備ができていない人がいる一方で、エドキャンプを開催しようと思っている人も現実にはいるのです。

ステップ2　職員会議のイメージを変える

職員会議は学校文化の一部となっていますが、決まった情報の共有だけが目的であれば、そろそろ廃止すべき時期に来ているといえます。会議が好きな人はほとんどいません。それが業務後であればなおさらです。メールやニュースレターで交換できる情報であれば、会議で議論する必要はないでしょう。

時間は貴重なものです。読めばすむ内容を会議で取り上げるというのは時間の無駄でしかありません。この仕組みに興味のある方は、マーク・バーンズとジェニファー・ゴンザレスが著した『「学校」をハックする』（小岩井僚、吉田新一郎訳、新評論、二〇二〇年）に書かれている「クラウド会議」（ハック1）をチェックしてください。(10)

「教職員が集まる場は最高の学びの場です」――これが新しい職員会議のイメージになるように変えていきましょう。カンディアグ小学校では、教職員の集まりを「教師が成長する時間」と呼んでいます。この集まりは、協働学習による教員研修に特化されたものです。

（9）本書の「ハック2」を参照してください。

学校運営上の情報などは週刊のニュースレターで共有されていますので、当日は学ぶこと、学校でイノベーションを起こすこと、チームとして成長することに専念できます[11]。たとえば、次回教職員が集まるときは、グループに分かれて、生徒や学校が必要としていることについて話し合う機会をもつのです。

ステップ3 協働学習を日常的なものにする

研修に関する対話は、一対一、小グループ、学びのオウナーシップが各自に確保されたなかでの全体会議など、さまざまな形式をとる必要があります。慣れ親しんだ方法はありますか？　本来、すべての学びは協働的なものなのです。

一対一の導入の対話からはじめて、残りの時間は小グループの集まりに移行する場合もありますし、職員全体が集まって取り組むこともあります。たとえば、カンディアグ小学校でコロンビア大学が提供するリーディング＆ライティング・ワークショップ[12]の最新版を実行するようになったとき、そのプロセスは真に協働的なものでした。私たちは次のようなステップを踏みました。

・教師は新しいユニット[13]をはじめるときは、共通の計画を立てるための時間を確保した。

・毎月一回の教員研修は同じ教育委員会内に勤める教師を学年別に集める会議とした。それによって教師は、効果的な指導をする際、ヒントやアイディアをより多くの同僚と共有できた。

・学年別チームは、六週間に一回、校長と読み書きの指導について面談をした。そこで校長は、問題解決を手助けするために記録をとったり、フィードバックを提供した。
・職場全体で集まったとき、幼稚園年長組から小学校五年生までの評価について議論する時間を設けた。

---

(10)　この段落に翻訳協力者のコメントが集中しました。誰もが職員会議のあり方に疑問をもっている、ということです。根回しや稟議を経た企画の承認だけの職員会議は見直すべきです。周知の仕方や情報共有についてのイメージを変えるべきでしょう。「日本の学校の会議ほど無駄なものはありません。しかも、会議の前に企画会をして、会議の内容を検討します。さらに、その前に、各部会で前年度の反省から今年度の計画を立てる、というふうにです」、「資料もあるなかで一から説明し，理解するような職員会議が一般的になっていますが、逆に資料を各自が事前に読み、質疑や話し合いが必要な部分を職員会議で取り上げることも可能だと思います」、「そこしか時間が取れないといえばそれまでですが、何とか工夫したいところです。見れば（読めば）分かる連絡事項は、自分の好きな時間に参照すればいいわけですから（とはいえ、読まない先生が多いのも事実です）」。学べる会議にする方法が書かれている『「学び」で組織は成長する』（前掲）や海外の教育研修の情報を使って書かれた『会議の技法』（吉田新一郎、中公新書、二〇〇〇年）を参考にしてください。
(11)　この三つのテーマについて具体的に書かれている本が、『教育のプロがすすめるイノベーション』（前掲）です。
(12)　『リーディング・ワークショップ』（前掲）の著者ルーシー・カルキンズが三〇年以上代表を務め、新しい読み・書きの指導法を普及しています。関連図書として、六七ページのQRコードで見られる本のリストがあります。
(13)　一三三ページの注（14）を参照してください。

ステップ4 協働学習委員会をつくる

各学年や校務分掌の代表でチームをつくり、研修の課題などについて定期的な会合をもちましょう。この委員会は、学校のためにもっともよいことを決める、学校の声を代表するものとして機能するでしょう。

短期的、長期的な目標を立てて、その計画を学校全体で共有しましょう。そうすれば、研修のねらい、実施時期、理由などについて全員が理解します。

ステップ5 協働学習を支援する教師主導のセッションをはじめる

教師は、アイディアや資料、計画などを同僚と共有できたときに自分自身の仕事に価値を見いだすものです。管理職は、教師の学ぶべき内容やその方法について、一人ひとりを把握しているわけではありません。それだけに、「パッション・プロジェクト」のような取り組みを通して、個人にあったものにカスタマイズできるように促す必要があります。

もし、まだカスタマイズされた研修の準備ができていないのであれば、少なくとも教師たちがニーズにあったセッションを選択できるように、一人ひとりにあったテーマを準備するべきです。(14)

このような自立的な学びの機会で力をつける教師が出てきたら、エドキャンプ(一三五ページ参照)のようなアプローチも検討してみましょう。

課題を乗り越える

残念なことに、すべての教師の学ぶ意欲が高いわけではありません。教員研修に対する否定的な態度の原因として、楽しくなかった経験があるといったことから、経験のある教師に研修は必要ないという考え方まで幅広いものがあります。どのような場合であっても、教員研修の変革には全教職員の賛同が不可欠ですので、誰もが入りやすいオープンな環境をつくっておきたいものです。

とくに気をつけておきたいことは、教師一人ひとりにあった学びを提供することです。既成の標準化された研修プログラムでは、教師の学びが仕事の中心に置かれることはまずありません。

課題1　参加する研修のセッションを教師自身が選ぼうとしないので、私（校長）が割り振っています。

シナニス校長がある教師から聞いたコメントは、「授業の準備に時間がかかるので、自分の研

(14)　選択を提供する学びについては、『教育のプロがすすめる選択する学び』（前掲）が参考になります。

修に割くだけの時間がない」というものでした。教師たちは、日々ストレスを抱え、目いっぱいで、自らが学ぶ時間を生みだせないのです。結局、そのような状態が研修へのやる気のなさにつながり、誰もが意欲的に取り組もうとしなくなるのです。

教育の専門性を高めようとも思わないし、研修を計画しようともしない。嫌々参加しているのであれば意欲的になれるわけがありません。このような教師の場合、配布資料や情報へのリンクを求め、セッションに参加したという証明だけを欲しがるものです。まったく学ぶ意欲が感じられない教師の態度を見かねた校長が、参加すべきセッションや日程を押し付けてしまうのです。

このような教師が、固定マインドセットから成長マインドセット、さらにはハッカー・マインドセットに変わるためには時間とエネルギーが必要です。そのような教師を探しだして、授業や情熱、生徒のためになる希望などについて気軽に議論しましょう。そして、成長と改善の機会として「学び」の重要性を強く訴えましょう。また、個人の興味に応じたテーマが選べることを強調して、自立的な研修が与えてくれる可能性を積極的に伝えましょう。

すぐれた教師が生徒たちのモデルになるように、学校のリード・ラーナーで

> ツイッターのようなソーシャル・メディアを見ている教師や校長は、よい実践を共有し、熟考し、世界中から学ぶ仲間を見つけます。

ある管理職も、日常の実践のなかで教師のモデルになるように努めましょう。校長の積極性が、教員研修改革が成功するためのカギとなります。そして、それが新しい学校文化として定着していくのです。

課題２　本校の教師は、「教員研修のために教室を離れるよりも生徒と過ごす時間を大切にしたい」と言っています。

生徒の学びにとって意味のない、無駄な時間ともいえる教員研修に参加したくないという意見はこれまでにもたくさんありました。残念なことですが、このような意見をもつ教師は経験則から物事を考える傾向があるようです。また、自分の仕事に関係せず、実践の改善につながらないだけでなく、生徒にとっても意味のない研修に参加せざるを得なかったという経験がきっとあったのでしょう。これは、研修の方針を変更する前に知っておくべきことであり、忘れてはいけない現実です。

教師は、時間を割く価値があると実感したときにのみ、その研修に納得します。それゆえ管理職は、教師が選択でき、間口が広く、一人ひとりに応じた研修が実現されるために努力する必要があります。そうすることで、より効果的で持続的な学びになるのです。あなたの学校が研修をハックしはじめたら、このように考える教師に代替案が提示できるようになります。

課題3　管理職が仕事の手を抜き、教師に押し付けていると感じているかもしれません。

教師の多くは、教育委員会や管理職が教員研修の計画と実行を担うことに慣れています。研修において外部講師を受け入れる場合でも、学校の誰かをワークショップに派遣する場合であっても、誰かがその計画を立ててくれると教師は思っていますし、それに不満を感じることはないでしょう。

このように感じている教師であれば、教師自身による自立的な研修といったことが話題になると、管理職が仕事を自分に丸投げしていると感じてしまうのです。まず、その状況を受け止める必要があります。そして、自分にとって意味のあることを学べば自身の力量が高まると理解してもらいましょう。決して、仕事を押し付けられているわけではなく、自立した形で、自らをコントロールする状態になると伝えなければなりません。

教師主導による研修委員会があれば、研修をハックする必要性や、どうすれば変化がもたらせるのかについて理解が得られやすくなります。教師が、お互いに語りあい、支えあい、激励しあうとき、大きな成長が見いだされます。そして、そのあと、長きにわたって学校を支えることになる変革をもたらします。

教職員が小グループで集まるときは、研修委員会のメンバーに任せてみましょう。この小グループでの会合は、研修そのものに懸念をもっている教師に対して「ガス抜き」という機会を与えます。それによって参加者は、意見を聞いてもらえた、認めてもらえた、と感じるはずです。研修委員会のメンバーは、同僚たちとともに活動することで、研修の改革は強力なチャンスであると理解するようになるでしょう。

実際にハックが行われている事例

教師同士が連携をしてきた過去の経験を考えると、私たちが最初にできる教員研修のハックへの提案は、オンラインでつながる効果を教職員に実感してもらうことです。自分自身の学びや成長のために、かつてないほどの多くの教師がＳＮＳに注目しています。注意してほしいのは、教師にツイッターやボクサー(15)といったプラットフォームの使用を強制すると逆効果になってしまうことです。最初は、抵抗感を感じている人を遠ざけてしまうのではなく、まずはそれらの可能性を紹介し、自分自身が活用したくなるように導いていく必要があります。

ツイッターのようなツールを使っている教師に使いはじめた理由を尋ねると、「孤立した気分

---

(15)　一七ページの注（7）を参照してください。

を緩和したいと思った」と言っています。そして、「自分の学びを加速してくれるダイナミックなプラットフォームに出合えたことは、当初予想していたよりも効果的であり、喜びでもあった」と述べています。

ツイッターなどのＳＮＳに注目する教師や校長は、世界中の仲間たちと交わり、ともに考え、学びたいと思っている人だといえます。オンラインで繰り返し続く交流は、最終的にはＰＬＮ（パーソナル・ラーニング・ネットワーク）[16]に転換していくでしょう。そこで教師は、相互にリンクしあうといった関係でつながっていくのです。

このネットワークに参加する人たちは、ＰＬＮのインパクトの大きさを歓迎しているはずです。人々は、共有し、協働し、信頼しあおうとしているのです。ＳＮＳを使ったネットワークが、メンバー間の透明性や解放性を保証すると感じるからです。ＰＬＮの構造やツイッターで情報がダイナミックに交換されていく様子は、仮想コミュニティーに共通した特徴だといえます。時間・空間を超えて人やアイディアに出合うこと、そして主体的・自立的な学びの性質を備えていることがその理由となります。

学ぶ経験は、オンラインであれ対面であれ、学びのコミュニティーといった性質や参加型の学びという文化が背景にあって初めて成果が上がるものです。学びのコミュニティーが数人の学年団からはじまったとしても、ＰＬＮ上での数千人にも及ぶ教師からはじまったとしても、お互いから学ぶことの大切さは変わりません。

また、ＰＬＮの核にある関係性はダイナミックで流動的なものです。そこで生まれるやり取りは、学びの強力な土台になります。このような学びを経験した教師や校長は、個人や専門職としての成長に大きな影響があったと実感しています。すべての教育関係者が、このタイプの学びを経験できるようにすべきです。それによってお互いのもつ専門知識を共有したり、新しい内容を学ぶときには専門家に頼れるようになるのです。

シナニス校長のストーリー

ネットワークで人々とつながることで、教師としての個人的かつ専門的な成長をもたらしてくれました。私のＰＬＮは、情報やブログ、ものの見方を共有しあう数千人もの教師仲間で構成されています。この仮想コミュニティーとのつながりは、教師としての目覚ましい成長、教育に対する信条や意見の形成、学校コミュニティーのなかですぐに実践に移せるツールを身につけたことなどは、私自身が成長するきっかけとなりました。

(16)　一九七ページの注（５）を参照してください。

たとえば、私のPLN仲間と授業観察について活発な議論をしたあと、授業観察の記録を書くために、マイクロソフトのワードではなくエバーノートやグーグル・ドキュメント(17)を使いはじめました。このようなクラウド・ベースのツールにシフトしたことで、私は一層柔軟になりました。どのコンピューターからでも観察記録を書き残せますし、教師にその記録へのリンクを送れば、書き終えた記録を使って議論ができるようになったのです。

広く学校で使われるようになったPLNによってもたらされたもう一つの変化の例は、毎週行われる「#PTChat」のセッションに参加することでもたらされました。このツイッター上のチャットでは、親と教師、家庭と学校の関係について、毎週水曜日に議論をしています。数週間にわたってこのチャットに参加し、地域が学校をどのように見ているのかについて考えたとき、ツイッターを使って学校のストーリーを語りたいと思いました。

数年前、学校の壁を低くするために校内の様子を写真で共有しはじめたとき、写真や発言をツイートするのは私一人でしたが、今年度初めにはすべての学級がツイッターのアカウントをもつようになり、担任たちは積極的にクラスの様子を伝えはじめました。この取り組みに対する地域の反応には驚きました。地域から、「高いレベルの透明性が確保されており、その結果、信頼と自信が生まれている」といった意見をもらいました。

教師に必要な学びは、一人ひとりにあったもので、意味があり、実践に応用できるものです。これらの質を担保した教員研修が提供されれば、教師は自立的に学ぶようになっていきます。その結果、教師は自らの力量を高め、学校の改善に役立つ情報やアイディア、リソースを自ら求めるようになるのです。

自分自身の力で実現できるツールをもてば、教員研修は、誰かが決めて、誰かが実行するものではなく、教師自らが個人として、あるいは学校として、取り組むべき問題に取り組むというものになるでしょう。単に教員研修を受ける人ではなく、情報の発信者となり、校内、校外問わず仲間の研修（学び）を活性化する役割を担うようになります。

教員研修をこれまでとは異なったものにつくりかえる方法はさまざまです。PLNでソーシャル・メディアを使って教育の問題を議論する、学年団で指導方法について議論する、教科指導で生徒たちの学びについて共通理解を深める、エドキャンプのセッションを運営する、などの方法があります。

＊＊＊＊＊

（17）マイクロソフトも「One Drive」という同じサービスを提供しています。

どのような方法を選ぶにしても、自分にとって意味があり、効果が実感できるものに変えていく必要があります。教師に学びの責任と主体性を与えたとき、教員研修は一人ひとりの成長にとって不可欠なものである、と実感できるはずです。そうなって初めて、持続可能で効果のある研修となるのです。

ハック10

マインドセットを変える

ネガティブ思考をやめよう

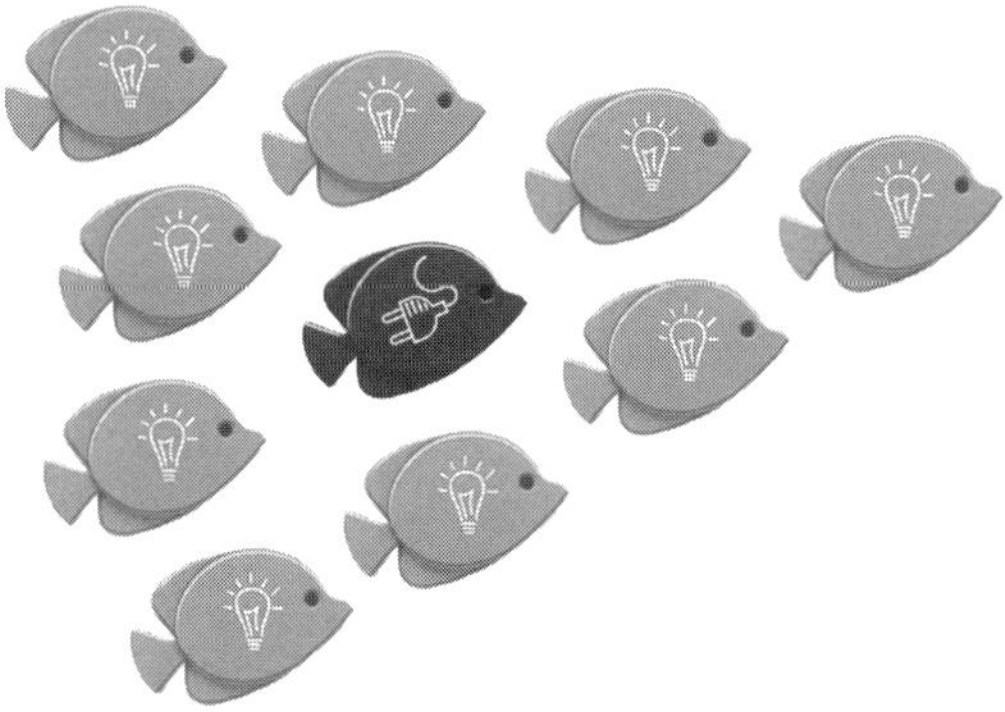

私は、問題を解決しようと思いません。
自分の考え方を変えるだけです。
そうすれば、問題は自ずと解決します。

（ルイーズ・ヘイ［Louise Hay］作家、
常に刺激を与えてくれる演説家）

問題――教師はネガティブ思考に陥りがち

全国の教師たちとかかわればかかわるほど、彼らがネガティブ思考にどっぷり浸かっていると実感します。私たちは、教育界に四〇年近く携わっていますが、これまでに一体どれだけネガティブな発言を聞いてきたことでしょう。

「この子たちはできないですよ、なぜなら……」
「ここの教師たちは、この指導法を実践できません、なぜなら……」
「それは、この地域の家庭ではできないでしょう。なぜなら……」

このような言葉ではじまる発言は、必ず否定的な結論で終わります。通常、このような発言をする人たちは、生徒の家庭の経済状況や近隣・地域社会の地理的環境、人の評判、生徒や教師などといった地域のさまざまな問題点に言及します。また、一連の発言にはネガティブ思考がよく表れています。そのような観点から話し、行動する場合、生徒や家庭、地域の学校コミュニティ全体に大きな影響を与えることになります。

このネガティブ思考は、「教室一つだけの校舎（one-room schoolhouse）[1]」の時代からずっとあります。このような状況を私たちは、特別な支援が必要な生徒や貧困地域に暮らす子どもたちのことであると考えてきましたが、このような考え方はほかにも広く影響を及ぼしています。

生徒や教師、学校を、「欠けているもの」（通常は一つの固定化した属性）で捉えようとすると、本当はもっと複雑な要因があるにもかかわらず、単一の要因に帰してしまいます。「可能性なし」、「潜在力なし」と、その人たちは考えるでしょう。そして、その要因は、手の施しようがないほど決定的なものになってしまい、「障害ですらある」と言うでしょう。このようなネガティブ思考が広がれば広がるほど、生徒、教師、学校、そして学校コミュニティーの可能性を狭めてしまうのです。

例を挙げましょう。私たちは、多くの校長がＢＹＯＤ[2]に抵抗感をもっていることを知っています。問題の発生を恐れているからです。一つの問題にすぎないのに、それが学校へのＩＣＴ導入

（1）アメリカなどの開拓地で、学校が一教室しかもたず、そこにすべての学年・年齢の生徒が入り、基本的に一人の教師が教育を行う学校のことです。

（2）（Bring Your Own Device）「自分のディバイスをもち込む」という意味です。生徒が学校に自分のスマートフォンやＰＣを持参するという考え方で、海外のレストランで酒の持ち込みを許可する「BYO（Bring Your Own）」が由来となっています。

全般を阻害してしまいます。また、伝えるときの態度にも影響を与えます。このネガティブ思考が、学校およびコミュニティーの発展を阻害するのです。ネガティブ思考をもつ人が多く集まると、「チャンス」は「阻害要因」に変わってしまいます。

残念なことに、このネガティブ思考は広く浸透しており、その悪影響は計り知れないものとなっています。リーディング・ワークショップやライティング・ワークショップを国語の授業に導入することに抵抗感をもっている校長がいるような学校であれば、教師はそのような授業をするだけの力を備えておらず、毎日の授業の流れが詳細に決められた既成の教材を購入するべきだ、と考えているはずです。(3)

このようなことが行われている教室では、教師が生徒の可能性を否定し、生徒は難しい内容や考え方を学ぶ機会を失っています。教師が問題点や欠点に目を向け、可能性やチャンスから目を逸らしたとしたら、悲劇としかいいようがありません。

今こそ、新しいマインドセットでリーダーシップをハックするときです。イノベーターのマインドセット、何事もチャンスと捉えるマインドセット、成長マインドセット、ポジティブなマインドセット、そのほかネガティブなマインドセットに対抗するあらゆるマインドセットを使いましょう。

ハック――ネガティブ思考をやめよう

シナニス校長のストーリー

ネガティブ思考は、私が親として格闘してきたことでもありました。私はゲイなのです。この事実を息子にどうやって伝えるかと悩んでいました。息子にそのことを伝える日までの数か月間、多くの人が私にネガティブな意見を浴びせました。

「息子はさすがに受け入れないだろう」、「息子が理解するはずがない」、「息子はまだ準備ができていないよ」などの意見です。

このような意見があったわけですが、息子は大丈夫かもしれない、と私は感じていました。多くの人が提案してくれた悪い点や欠点は傍に置いて、ネガティブ思考に染まらないように

（3） 日本では、リーディング・ワークショップとライティング・ワークショップの名称すら知られていないという極めて残念な現実があります。興味をもたれた方は、六七ページに示したＱＲコードのリストを参考にしてください。

しようと思ったのです。そして、ある朝、目覚めた瞬間に「息子は大丈夫だろう」と思えたのです。

このあとに行った息子とのやり取りは、息子からのハグと「お父さんが誰を愛していても関係はないよ」という言葉で終わりました。私は涙をこらえ、唇を噛みしめました。息子が私を受け入れてくれた態度は、成熟、落ち着き、共感、愛情に満ちていました。「私がゲイであることを彼は受け止められる」と信じた私は、やはり正しかったと思いました。通常、ありえない困難な場面にあっても、彼はネガティブ思考の対極にいることができたのです。

彼は寛容で、前向きで、新しい視点から物事を見ようとしていました。私と息子は牽制しあうこともなく、この問題がもたらしたかもしれない障害を越えて、気まずくなるどころか今まで以上に深く親密な関係が築けたのです。学校からネガティブ思考を追いだしたいとき、予期せぬ喜びや学びがもたらされた一つの例としてこの話を教職員にしています[4]。

学校もそろそろネガティブ思考から脱却して、生徒たちに、学び、成長し、失敗し、再チャレンジし、成功する場を与えるべきときです。生徒たちは、私たちの支援と激励を必要としています。私たちが感じているネガティブ思考は必要としていないのです。大きな可能性を描き、生徒たちが「できない」ことではなく「できること」を考え、自信をもって前に進むようにしましょう。生徒たちの弱点をあげつらい、修正しようとする代わりに、子どもたちの強みに注目して伸ばしてあげるのです。

失敗に対する恐れを捨てませんか。教師の力を信じましょう。教師が生徒たちにとって最良の決断ができるようにしましょう。既成のカリキュラム(5)やゼロ・トレランス方式(6)に従うことをやめませんか。

家庭とよいパートナーシップを築こうと教室で奮闘している教師を支援し、激励しましょう。地域を悩ませるような問題を抱える家族を非難するのはやめて、ともに歩もうではありませんか。

今こそ、新しいマインドセットをもって、リーダーシップをハックするときです。イノベーターのマインドセット、何事もチャンスと捉えるマインドセット、成長マインドセット、

---

(4)　翻訳協力者から次のようなコメントがありました。「ともすると学校は『できる』『できない』をはっきりさせてしまうことが多いような気がします。ネガティブ思考もここから生まれるのかもしれません。ちょっとでもできたところに視点を当てて、いろんな場面で称賛していきたいです」

(5)　日本流にいうと教科書を従順にカバーする教え方です。

(6)　どのような小さな悪事であろうと、違反者を容赦なく厳しく罰するという考え方です。一九九〇年代にアメリカではじまった教育方針の一つです。生徒の側に立ったとはいえない方針を乗り越えた、より効果的な生徒指導の方法が『生徒指導をハックする』（前掲）で詳しく紹介されています。

ポジティブなマインドセット、そのほかネガティブなマインドセットに対抗するあらゆるマインドセットをもって、生徒、教師、地域、家庭、それぞれの強みを伸ばして成功を経験すべきです。

あなたが明日にでもできること

ネガティブ思考からポジティブ思考に転換する、これは決して困難ではありません。なぜなら、私たちは基本的に、生徒たちが学びの成果を上げ、すくすくと成長してほしいと望んでいるからです。

とはいえ、ネガティブな側面が気になり、もっとも支援が必要な生徒たちを「ダメな存在である」と見てしまいがちです。生徒たちを「直そう」とするのではなく、どうすれば成長のための支援ができ、励ますことができるのかと考えようではありませんか。つまり、生徒たちを見る私たちの見方を変えるのです[7]。

保護者が子どもたちに望んでいることを探る

　ネガティブ思考に陥るのを避けるもっともよい方法は、可能性を見つけることです。保護者と話をして、生徒たちが望んでいることや描いている夢を聞きだしてみましょう。そして、保護者の目標を聞きだし、どのように実現するかについて考えるのです。

　ここで忘れてはならないのは、言語、文化、経済状況、時間的制約などの影響を受けずに、すべての家庭から意見を聞くことです。直接会うようにしましょう。握手と笑顔、よい出会い、これに勝るものはありません。

　直接会えない場合は、手紙を送ったり、メール、ＳＮＳ、ビデオチャットなどを使いましょう。学校に来ることができない家族と会う方法はいくらでもあります。会えないことを言い訳にはしたくありません。

　また、英語が話せない保護者と会う場合にはできるだけ通訳をつけるようにしましょう。言語が異なっても、同じように情報を受け取る権利はあります。生徒の家族とかかわることを負担や

(7)　翻訳協力者から、学校とネガティブ思考の関係について「生徒のネガティブな側面は、取り上げるほど本当にネガティブなのだろうか、と考えることが大切だと感じます。学習面・生活面で教師のコントロールが及ばないのでダメだと考えてはいないのか、振り返りたいものです」というコメントがありました。こちらの捉え方、扱い方によって問題化しているだけなのかもしれません。

難題であると考えることはやめ、むしろ生徒のことがより知れるチャンスだと前向きに考えましょう。

生徒たちと話す

いろいろなグループの生徒と一緒に過ごす計画を立て、関係づくりをはじめましょう。一緒にランチを食べたり、休み時間のブッククラブに入れてもらったり、授業前や放課後のクラブに立ち寄ったり、ゲームをしたり、話したり、まだ知らない生徒と知りあうのです。ちょっとした会話であれば、廊下やランチルーム、校庭でも可能です。

いずれにしても、よい関係をつくるというねらいを明確にもって対話をするように心がけましょう。あなたがもっとも取り組みやすい方法を選び、信頼と敬意に満ちた健全な関係を構築するためにスケジュールにしっかり組み込んでください。

生徒たちと個人的なつながりをつくっておくことは、学力向上において決定的に重要です。教師が心からの関心を示してあげれば、生徒たちは成し遂げようと努力するものです。教師が生徒たちの力を信じ、伸ばしてあげようと努めたとき、生徒たちは成長していくのです。

生徒たちのできることを理解する

欠点ではなく、できることに焦点を当てましょう。よくないところは目立つものです。問題点の捉え方を変えて、チャンスに変えられないだろうかと考えてみましょう。教師の根本的な役割は、すべての生徒がもっている能力や資質を見いだし、学校生活を通じてそれを最大限に伸ばすことです。

ウイスコンシン州にある中学校のジェイ・ポシック校長は、教室に直接入って生徒たちの強みを探すことにしたそうです。彼は担任教師と相談して、日程を決めたうえで教室を訪れ、授業を行ったり教師の補助をしています。つまり、主体となって授業を進めたり、小グループでの活動を受けもっているのです。また、担任の要請に応じて特定の生徒の支援に回ることもあります。[8] その結果、彼は学習者としての生徒を知ることができ、生徒の強みやレディネスのレベルを正確に把握できたのです。

強みを見極めるのにはデータを使う

データは、問題点を特定するためだけのものではありません。強みが見つからないかどうか、

(8)　三五ページの注(17)を参照してください。

もう一度データをよく眺めてみましょう。強みに絞ったデータがあれば、生徒がかなり得意としている分野の強化ができますし、さらに自信をもたせることもできるでしょう。

強みに焦点化できれば、生徒が成し遂げたことを祝福するだけでなく、その強みをさらなる成長の土台にすることができます。さらに、それぞれの生徒ができていることのなかでも、さらに成長の余地のある分野が特定できます。

新入生が学校に来たら、ブラントン・シアラー（Branton Shearer）が開発した「MIDAS[9]」[10]のような標準化されたテストで生徒の強みを見つけだせます。このテストでは、人間のマルチ能力を測定することができます。テスト[11]の結果を使って生徒の能力プロフィールを作成すれば、教師による指導上の意思決定に役立ちます。

完全実施に向けての青写真

ステップ1　生徒がもつ潜在力に着目する

生徒の課題を把握することが評価の中心的な役割である、と私たちは教えられてきました。伝統的に教師は、生徒ができていることを認めるより、できない面を直すことに重点を置いてきました。だから、マインドセットを変えることは、最初は強制されていると感じるかもしれません。

このような課題発見中心という考え方をなくしていくためには、強みに焦点をあてることを、個人としてではなく組織としてはじめなければなりません。たとえば、一つの課題と二つの強みを必ずセットで見いだすように仕向けるといったやり方です。あくまでも、新しいことをはじめるきっかけとしてです。

もって生まれた知能をほめるだけの言い方や、「よくできました」といった、主体者意識[12]をくすぐるようなコメントをせず、自分自身ではコントロールできない生得的な資質にも触れません。その代わり、生徒が実際に起こした行動やプロセスに焦点を当てましょう。私たちの目標は、生徒の学習を促進するフィードバックの提供であって、ヒステリックに欠点をあげつらうことではありません[13]。

(9)（Multiple intelligences developmental assessment scales）マルチ能力発達診断テストのことです。

(10) ハワード・ガードナー（Howard Gardner）が提唱した、人間がもつとする八つの能力（言語能力・数学的能力・空間能力・運動能力・音感能力・人間関係形成能力・自己観察能力・自然との共生能力）のことです。

(11) これを実際に行うにおいて参考になる本は、『マルチ能力が育む子どもの生きる力』（トーマス・アームストロング／吉田新一郎訳、小学館、二〇〇二年）です。

(12) 自分こそが物事を動かしている主体である感覚です。原著では「a sense of agency」となっています。

ステップ2 モデルを示し続ける

教師であれ、生徒であれ、あなたがその強みを発見し、それを認める姿勢を示せば、ポジティブ思考のモデルになります。あなたの発言と行動は、教師と生徒双方にとって強い影響力があるのです。あなたが価値を認めることは、他者の判断にも影響をもたらすはずです。あなたの発言は具体的で、誠実なものになるよう、そして平均的なものではなく、真にすぐれたものを評価するように努めましょう。

周りの教師たちを巻き込んでいけるような目標を設定しましょう。十分でないところがあれば、うまくいっている部分を具体的に指摘し、それが継続され、模範になるように努めましょう。改善が必要な部分を無視するのではなく、潜在能力に着目し、強みを評価し続けてください。そうすれば、職場全体のマインドセットは、すぐれた実践を探り、生みだそうとする協力的なものになっていきます。

ステップ3 難易度の高い学びにチャレンジさせる

教師が生徒と同じく学ぶ側に回れば、新しいことを学び、チャレンジする煩わしさを教師自身が経験することになります。生徒が経験している日常を実感さえすれば、弱点をくどくどと言い続けることがなくなり、生徒が成長できる方法を見いだすためのヒントが発見できます。

子どもも大人も、ダメな面を指摘されながら学ぶよりも、褒められながら学びたいものです。事実、大人は自分の弱点を指摘されると恥ずかしいと感じますし、やる気を失います。教師は苦労して学んだ時期からかなり年月が経過していますが、当時の様子を思い出せば、生徒たちの今の心情に気づけるはずです。

新しい経験を通して知識を広げ続ければ、より広い視野がもてるようになります。これは、マインドセットを転換するのに不可欠な要素です。

たとえば、カンティアグ小学校では、職員会議のなかで生徒たちが運営する教員研修のセッションをやっています。そのセッションでは、生徒たちが教員研修で取り上げる分野を選びます。一般的には、テクノロジーの分野を選ぶ場合が多いです。そして、生徒自身がもっている技術を使って、教師に教える指導案を作成するのです。まずはクラスメイトにその方法で試したあと、教職員に授業をしてもらうために職員会議に招かれるのです。

さまざまな学年の生徒たちに来てもらいました。生徒たちによる模擬授業は、教師と生徒にとって貴重な学びの場になっています。この授業は、通常、ツールの使い方の説明からはじまり、

---

(13)「ステップ1」に興味をもたれた方は、『オープニングマインド』（ピーター・ジョンストン／吉田新一郎訳、新評論、二〇一九年）を読まれることをおすすめします。これをさらにステップアップさせた『教育のプロがすすめるイノベーション』（前掲）もおすすめです。

使用例、実際の使用体験、それに対する生徒たちのサポートという流れで進みます。教師に対するスキルの指導を通して、生徒たちが学びのリーダーになるわけです。

一方、教師のほうは、教壇の反対側に座ることでどのような心情になるのかを改めて思い起こせますし、生徒たちの強みを実感する瞬間ともなります。

ステップ4 生徒たちに多様な学びの機会を与える

すべての生徒がその能力を伸ばせるように、音楽や美術、保健体育などの教科もしっかり教えましょう[14]。学力テストや標準テスト全盛の時代にあっては、「テスト対象の教科のみ教えればよい」といった恐ろしい言説が教育現場では飛び交っています。このような環境のために生徒たちは、自分のもつ強みを表現するチャンスがなくなり、せっかくの能力も発揮できなくなってしまうのです。

すべての生徒によく学んでほしいのであれば、教科領域を超えた多様な学びの機会を準備する必要があります。芸術や体育、社会的スキルや感情的スキルを育むことも必要です[15]。教科を超えた適性や能力の発見につながるよう広い分野での学びを紹介して、生徒たちにポジティブなマインドセットを育んでいきたいものです。

ステップ5 学校での秀逸な出来事を祝福する

強みに焦点を当てることを、個人から学校コミュニティーにまで広げる必要もあります。個人の作品の評価を超えて、コミュニティー全体として強みを祝福したいものです。トッド・ウィテイカー(16)は、同僚同士が何をしているかを知るために、「毎週、ニュースレターを発行してはどうか」と提案しています。ニュースレターであれば、個人のすばらしい取り組みだけでなく、学校の力強い成長に対してもスポットライトを当てることができます。

まず、最適なフォーマットを決めましょう。紙ベース、メール、グーグル・ドキュメント、ブログ（カンティアグ小学校はグーグルのブロガーを使っています）などです。次に、記事として取り上げたいことをリストアップして、レイアウトを決めましょう。

---

(14) 翻訳協力者から、「入試が学校での学びのゴールだと思っていては生徒の学習に向かう姿勢が止まってしまいますね。入試に出る、教科書にある内容を教える、という教師の考え方を変える必要がありそうです」というコメントがありました。教科書・テスト・入試というものが分かち難く絡みあっているようですが、教える側の考え方でそれを変えることはできます。

(15) 教科の枠を超えた教え方・学び方については、『あなたの授業が子どもと世界を変える』、『PBL――学びの可能性をひらく授業づくり』（前掲）、『プロジェクト学習とは』（前掲）がおすすめです。また、社会的・感情的スキルを育むことを中心に据えた本を現在二冊翻訳中です。

(16) （Todd Whitaker）元教師の校長で、学校のリーダーシップを含めて教育関連書を三〇冊以上出版しています。

カンティアグ小学校のニュースレターには「カリキュラム・コネクション」というコーナーがあり、学校のなかで日々起こっているさまざまな試みに関する振り返りが掲載されています。一方、「#EduWins」コーナーでは、シナニス校長が見つけた、教室で起きた三つのすばらしい出来事が特集されています。また、シナニス校長が紹介しているツイッターの投稿コーナーも読むに値するものとなっています。

大切なのは、カンティアグ小学校の次週の予定、行事ごとのリマインダーなど、単なる情報紹介にとどまらず、教育に関する内容を取り上げてニュースレターをつくることです。

今年、ニュースレターに「スタッフ・ブログ」セクションが誕生しました。これは、教師（時に生徒たちも）が個人の振り返りを共有するコーナーです。このニュースレターがあれば、管理職にも知ってほしい情報が広がっていくのです。また、それを目的とした会議をもつ必要もなくなります。さらに、新しいアイディアを試し、共有できるという、教師にとっては刺激にもなっているので一種の教員研修としての機能も果しています。

「#EduWins」コーナーは、すぐれた取り組みにスポットライトを当てる場所ですが、「スタッフ・ブログ」セクションは個々人のすばらしいところや知識、経験を共有するところです。ただし、新しいニュースレターを創刊するときは、「スタッフ・ブログ」のようなコーナーは含めないほうがよいかもしれません。まずは、確実な情報からはじめましょう。

ニュースレターの効果、とくに「スタッフ・ブログ」といった記事の場合、そのコメント投稿数の多さ、廊下での話題の活発さ、学年や専門職、そしてサポートスタッフを超えた活発なアイディアの交流を見ることでその効果が測れます。

課題を乗り越える

環境や場面によっては、誰でも一時的にはネガティブ思考にとらわれることがあるでしょう。生徒たちの悪い面に焦点を当てたり、生徒たちに原因があると捉えたりする傾向があるということです。

読む力がなかなか伸びない一人の生徒のことばかりを考えてしまう小学校教師や、カリキュラム変更に異議を唱える少数の教師の存在を不安に思っている校長であれば、ポジティブな要素は目に入らず、ネガティブな面ばかりに目が行くでしょう。欠点に集中すると、建設的に前に進もうとする能力が圧迫されてしまいます。幸いなことに、ネガティブ思考に陥るのは一時的です。ほんの少し考え方を変えるだけで、問題点はチャンスに変わるはずです。

課題1 しかし、「この生徒たち」にはできません。

このコメントほど、ネガティブ思考の危険性を言い表しているものはないでしょう。

クナップとシールズ(17)は、学校でのネガティブ思考の例を挙げています。生徒の行動や言葉、価値観などが学校の期待に反しているとき、教師は生徒たちに低い目標を設定しがちとなります。また、何かを否定的に捉えているときや問題を引き起こす危険性があるときはこうしたニュアンスが滲み出て、「この生徒たち」という言葉を使ってしまうものです。限界を感じさせる「この生徒たち」という言葉を使い、カリキュラムが着実に実施できないと嘆いている教師をよく見かけます。

多くの場合、「この生徒たち」とは貧困なコミュニティーに住み、明らかなマイノリティー（人種や宗教の少数派）であり、学習の遅れから「特別教育が必要」というレッテルを貼られた生徒たちのことです。「この生徒たち」は、学ぶ能力も意欲もないと見なされており、内容を理解するだけの背景的な知識が欠けていると思われています。いずれにせよ、「この生徒たち」は見たこともない難しい内容は理解できるはずがない、と思われているのです。それゆえ、

> ネガティブ思考をハックするとは、問題点を新しい経験から学ぶチャンスであると捉え直すことです。

私は自己暗示的にこう言うのです。

「生徒は、私たちが予想したとおりのパフォーマンスを見せます。私たちのもつ期待が生徒の生活を変えるのです。それなのに、なぜ期待値を低く設定してしまうのですか？」

要求の水準を上げれば多くの生徒がそれを乗り越えていく様子を嬉々として見守れるにもかかわらず、です。

まずは、生徒たちの強みを認めるところからはじめましょう。多くの場合、生徒たちは大人が貼るレッテルよりもはるかに力をもっています。学ぶ機会は成功のためのチャンスであると教師が捉えさえすれば、その時点でのレディネスのレベルを超えて成長していくのです。

課題2　うちの学校の保護者は教育に関心がありません。教育熱心なコミュニティーではないのです。

ほとんどの家庭が、なるべく子どもたちの教育にかかわりたいと考えています。とはいえ、すべての家庭が同じだと考えるべきではありません。一つのコミュニティーにおいて、私たちの見

(17)　原書ではタイトルが掲載されていませんが、「Better Schooling for the Children of Poverty: Alternatives to Conventional Wisdom」という本のことだと思われます。

方や意見だけで「ネガティブ思考が広がっている」といったように一般化はできません。それぞれの家庭にあったかかわり方があり、それに応じて私たちの考え方も変える必要があります。

たとえば、移民で英語ができない親であれば、子どもの宿題は見れないでしょう。だからといって、その親たちが関心をもっていないわけではありませんし、宿題をすませたかどうかの確認ができないわけでもありません。また、家賃を払うために仕事をかけもちしている親であれば、保護者懇談会に出席できないかもしれません。私たちが最初にすべきことは、すべての家庭が教育に関心をもっていると認識しておくことです。そして、どうすればすべての保護者を巻き込めるかと考えるのです。

まずは、顔あわせからはじめましょう。年度当初に朝食に招待し、その後、すべての家族に広げていってはどうでしょうか。もう少し体系化したければ、「ドゥードル・ドット・コム（Doodle.com）」[18]を用いて、空いた時間に予定を組みましょう。そして、そのリンクを各家庭に送りましょう。一つのリンクで一〇軒の家庭を扱います。そうすれば、一家庭ずつ予定が組めます。

学校コミュニティーの規模から考えてそれほどの規模を必要としないのなら、「グーグル・サーベイ」[19]でアンケートをつくって各家庭に送りましょう。そのリンクをメールで送ったり、ホームページにリンクを貼ったり、印刷したＱＲコードを生徒に預けることもできます。学校教育に保護者を巻き込んでいく責任は校長にあります。家庭を巻き込む方法のモデルを示しましょう。

課題3　この学校には、他校と競うような素材がありません。

多くの学校が資金とリソース不足です。実は、それが新しいことに挑戦しない典型的な言い訳になっていたりします。「Xがないので Y ができない」と考えた瞬間に学校のイノベーションは終わりです。障害ではなく、可能性を探りませんか。多くの魅惑的な取り組みが、少額の予算、時には予算なしでできるものです。

もっとテクノロジーを使いたいけどハードウェアを購入する予算がない。そんなとき、あなたならどうしますか？「ＢＹＯＤ」[20]を試してみましょう。生徒に自分のディバイスを持参させるのです。そうすれば、かなりの生徒が持参するでしょう。スマートフォンが、経済格差の壁を打ち破ってくれるかもしれません。持参したディバイスを、持っていない友だちと一緒に使うように言いましょう。ディバイスがなくて、何もできないよりは、ましです。

学習スペースを快適な場所にデザインし直したいけれど、新しい家具を買う予算がない？　友人や家族、生徒に対して、長く大切に使った家具で寄付できるものがないかと尋ねてみましょう。

(18)　スケジュール調整のためのオンライン・サービスです。日本でも、「調整さん」などの無料アプリがたくさんあります。

(19)　(Google Survey) オンライン上でのアンケート作成から市場調査が実施できるサービスです。

(20)　二一七ページの注（2）を参照してください。

カウチ一つでも部屋の感じは変わるものです。教室文庫が欲しいけど、本を買う予算がない？「ドナーズ・チューズ」[21]のようなページを試してみましょう。多くの寄付が集まるかもしれません。

あまり裕福とはいえない子どもたちであっても、同じ質の教育を受ける資格はあります。[22]子どもたちにあらゆる学びの機会が訪れるよう、私たちが常にクリエイティブでありたいものです。

実際にハックが行われている事例

マインドセットの転換が最初に起こる場所は、日々の授業のなかです。多くの学校では、今でも授業のほとんどの時間を教師が話し、教えています。このような状態は、生徒たちに学習の権限を渡すだけの自信が教師にないということを表しています。

もちろん、教師が直接教えなければならないことはあります。しかし、それを超えて、生徒が自分自身で物事を経験していく必要があるのです。生徒たちがもっと動き、教師が動かない授業に変えていけば、ネガティブ・マインドセットはハックできます[23]。


先日のことですが、ニューヨーク市にある小学校の教師から便りが届きました。その学校には移民や移民二世などが多く、経済的にあまり豊かでない地域にあります。その年の初め、その教師は校長やほかの教師から、「あまり多くを考えて生徒に期待しないほうがいい。生徒たちはおとなしくしていても、学力面ではまったくだめだから」と言われたそうです。しかし、学年が終了するまでに生徒たちは、シェイクスピアを読んで分析し、自伝的な絵本をつくって自分たちでブッククラブを開催していました。

彼のクラスの生徒たちは、隣のクラスの生徒たちと何も変わりません。違いがあるとすれば、隣のクラスの生徒たちは、教師に指示されるまま、一日中机に座ってワークブックのページをめ

---

(21)　(DonorsChoose)　教育分野に特化したクラウドファンディングサービスです。教育関係のプロジェクトに対する資金・支援を募ることができます。

(22)　ここに挙げられている悩みを乗り越える方法として、同じハック・シリーズの『「学校」をハックする』（前掲）、『学校図書館をハックする』（クリスティーナ・A・ホルズワイス、ストーニー・エヴアンス／松田ユリ子、桑田てるみ、吉田新一郎訳、新評論、二〇二一年）、『読む文化をハックする』（ジェラルド・ドーソン／山元隆春、中井悠加、吉田新一郎訳、新評論、二〇二一年）を参照してください。

(23)　この点に関して多くの示唆および具体的な方法を提供しているのが『私にも言いたいことがあります！』（前掲）、『教育のプロがすすめるイノベーション』（前掲）、『あなたの授業が子どもと世界を変える』（前掲）、『退屈な授業をぶっ飛ばせ！』（前掲）、『「おさるのジョージ」を教室で実現』（前掲）、そして六七ページに示したQRコードのリストにある本です。

(24)　シェイクスピアは高校生ですら読むのが大変で、分析に至っては大学レベルとさえいえます！

くっていたということです。全員が、同じ内容を、同じ方法で、同じ時間内に学ぶことが期待されていました。誰一人として、深く考えるようにと促されることはありませんでした。

対照的にこの教師は、難しいけれど魅力的な学習に挑戦させたのです。いつでも助けるから、間違いを恐れずにチャレンジしようと生徒たちを鼓舞しました。彼は生徒たちと健全な関係をつくり、目標を高く掲げたわけです。驚くことに、生徒たちは従来から設定されていたハードルをあっという間に飛び越えていったのです！

＊＊＊＊＊

ネガティブ思考のハックは、問題点を新しい学びのチャンスと捉え直すことで達成されます。そう、教育の世界は数々の障壁に囲まれているのです。しかし、校長として、そのような障壁が私たちのコミュニティーに与える影響を特定する必要があります。

教師であれ生徒であれ、つまずきながらヨロヨロと進んだり、回り道をする姿を見て、学びを制限してしまうことがあります。その一方で、教師や生徒たちが新しい可能性に挑戦していけるよう、可能なかぎり障壁は取り除けるのです。

日々の実践に感情や魂を込めなければ、ネガティブ思考の克服はできないでしょう。まずは、生徒たちと、情熱や興味や恐れといった人と人の心の通いあわせからはじめましょう。そうやって人間関係はつくられていくものです。

学ぶことは楽しいものであるべきです。土日を前にした金曜日を「楽しみ」にするのではなく、学ぶこと自体を楽しもうではありませんか。毎日の授業での学習を楽しもうではありませんか。生徒たちが楽しく学んでいる教室は、明るくて前向きな空気が満ちているはずです。生徒たちが安心して、しかも夢中になって学べる教室こそがイノベーションの土台となるのです。失敗を恐れず、再挑戦ができる場所です。できないことではなく、生徒たちができることに焦点が当てられる教室となります。

おわりに――水のように

水、これは実に驚異的な物質です。絶え間のない流れとわずかな圧力で、川の周囲を少しずつ変化させていきます。絶えることのないやさしい流れによって、水はその歩みを進めるのです。

本書で紹介されたさまざまな手法が、あなたをまるで水のような能力をもったリーダーに導くことでしょう。あなたがその存在にも気づかないような、ほんの小さな糸口を見つけてください。そして、教職員や生徒、保護者のために道筋をつけてほしいのです。

すばらしい世界が待つ場所に導く道です。教職員とよい人間関係づくりに努め、一人ひとりをエンパワーして、彼らにもリーダーシップが身につくような環境づくりに取り組みましょう(1)。相互に信頼と尊敬を醸成し、学校というコミュニティーのメンバー全員が主体的な学びとリーダーシップを実現できるよう、あなたの周りにいる人たちを育成しましょう。

さまざまなSNSを活用したり、生徒の成長を熱望する教師の力量を引き上げることで、あなたの発するメッセージをさらに強めましょう。忘れないでください。私たちがやろうとしているのは、生徒たちにとってベストな教育を提供することです。もっとも、最初は馴染めなかったり、難しく感じたりするときもあるでしょうが。

多量の水が一度に流れ出すとすべてを破壊してしまうということも、私たちは知っています。あまりにも多くの新しい提案を実現しようとすると、組織は大混乱に陥ってしまうでしょう。多すぎるというのは、少なすぎる場合と同じくらい危険なのです。なぜなら、そうすれば人々を動揺させ、不安定にさせてしまうからです。多量の水は、流域の人を根こそぎ溺れさせてしまうかもしれません。

本来、人間はできるかぎりよい仕事をしようと努めるものです。時には、最高の結果さえほしがります。朝、目が覚めて、「今日は平均的な一日にしたい」などと思う人はあまりいないでしょう。「平均的」という目標をわざわざ設定する人はいません。平均的というのは、何らかの理由で歩みが止まってしまっている状態です。浅瀬で立ち往生している船の状態に似ています。

教師は、平均的なところにとどまりがちになっているのかもしれません。教師は、可能性がかぎられていて、未来への視界がはっきりしない、まるで慢性的な水不足のような経験をしてしまう場合があります。物事をハッカー（常に改善を心がけている人）のマインドセットで見るリー

（1）二〇二一年から管理職を務める翻訳協力者から、「人づくりですね。自らがモデルとなってリーダーシップを発揮し、正のスパイラルを生みだしていく原動力としたいです」というコメントがありました。力強いメッセージに勇気づけられます。

ダーとして、私たちは支援や激励、機会を提供することでこの状況を変えられます。

あなたが、リーダーとして成長しようとしているかぎり、あなた自身のなかに卓越したものを見いだせるはずです。そして、教職員、保護者、生徒たち、スクールバスの運転手たちも同じです。全員が成功できるように支えましょう。すべての人が、生徒たちのために懸命に努力をしているのですから。

水はやがて、あなたが描いていた生徒や教師の理想レベルまで行きわたるでしょう。そこに到達して初めて、私たちは生徒や教職員、保護者が愛してやまない学校がつくれたといえます。ネガティブなマインドセットをなくし、新しい学びが生みだせるイノベーションにあふれる学校、教師がスーパースターとして活躍し、教師の採用に成功したと実感できる学校、教職員全員にリーダーシップを委譲した結果、共通のヴィジョンが達成される学校、そして生徒が中心の学校、健康的な学校文化づくりに邁進する学校、をつくったと明言したいものです。

「リーダーシップをハックする」というのは、水の流れをこれまでとは違うところに集めることなのです。

訳者紹介（あいうえお順）

飯村寧史（いいむら・やすし）
仙台市公立中学校主幹教諭。生徒主体の学習を中心とした学校のあり方を探究し、実践に生かすことを楽しみとしている。

武内流加（たけうち・るか）
玉川大学大学院教育学研究科教育学専攻IBコース修了。今こそ一人ひとりをいかす学校組織のあり方を探究していきましょう。

長﨑政浩（ながさき・まさひろ）
高知工科大学教授。専門は英語教育。学ぶ楽しさとは何かをずっと考えてきた。教員との研究コラボがライフワーク。

吉田新一郎（よしだ・しんいちろう）
『教育のプロがすすめるイノベーション』『学校をハックする』『校長先生という仕事』とセットと読んで頂けるとうれしいです。
問い合わせは、pro.workshop@gmail.comにお願いします。

学校のリーダーシップをハックする
——変えるのはあなた——

2021年11月30日　初版第1刷発行

訳者　飯村寧史
　　　武内流加
　　　長﨑政浩
　　　吉田新一郎

発行者　武市一幸

発行所　株式会社 新評論

〒169-0051
東京都新宿区西早稲田3-16-28
http://www.shinhyoron.co.jp

電話　03(3202)7391
FAX　03(3202)5832
振替・00160-1-113487

落丁・乱丁はお取り替えします。
定価はカバーに表示してあります。

印刷　フォレスト
装丁　山田英春
製本　中永製本所

ISBN978-4-7948-1198-1